CTCS LIEKONG XITONG CHANGJING CESHI
ANLI HUIBIAN YU JIEXI

CTCS列控系统场景测试案例汇编与解析

郭晓龙　曲子贤　许　强　吴永成◎主编

内 容 简 介

本书结合兰张高铁兰武段、包银铁路惠银段联调联试、动态检测和运行试验，借鉴银西高铁、银兰高铁等联调联试和动态检测相关资料，通过对 CTCS-200C、CTCS-200H、CTCS-300T、CTCS-300S、CTCS-300H 等车载 ATP 动车组列控系统场景测试案例的汇总、解析、评价，旨在有效提升列控系统场景测试准确度和试验效率。本书共分三章，内容主要包括各系统场景测试案例解析和电务专业配合案例实施等，对指导、评价运输、调度、机务和电务人员现场操作具有重要的参考价值。

本书可供运输、调度、机务和电务联调联试人员参考使用。

图书在版编目(CIP)数据

CTCS 列控系统场景测试案例汇编与解析 / 郭晓龙等主编. — 北京 : 中国铁道出版社有限公司, 2025. 5.
ISBN 978-7-113-32026-3

Ⅰ. U284.48

中国国家版本馆 CIP 数据核字第 2025ZC9974 号

书　　名：CTCS 列控系统场景测试案例汇编与解析
作　　者：郭晓龙　曲子贤　许　强　吴永成

责任编辑：李曦琳　　**编辑部电话：**(010)51892548
封面设计：高博越　　**封面摄影：**王喜栋
责任校对：安海燕
责任印制：高春晓

出版发行：中国铁道出版社有限公司(100054，北京市西城区右安门西街 8 号)
网　　址：https://www.tdpress.com
印　　刷：北京盛通印刷股份有限公司
版　　次：2025 年 5 月第 1 版　2025 年 5 月第 1 次印刷
开　　本：787 mm×1 092 mm 1/16　**印张：**11.5　**字数：**199 千
书　　号：ISBN 978-7-113-32026-3
定　　价：65.00 元

前言

高速铁路联调联试旨在使新建线路达到设计速度标准，借助检测列车、综合检测列车、测试动车组以及各类相关检测设备，在规定的测试速度条件下，对各个系统以及相关系统之间的接口和匹配关系进行全面、综合的测试。通过这一过程，科学地评价和验证各系统的性能与功能是否符合设计要求。动态检测具体是指运用检测列车、综合检测列车、测试动车组以及相关检测设备，严格依据设计方案和相关技术标准，在规定的速度区间内对系统功能、动态性能以及系统状态进行细致检测。这一工作为后续的动态验收提供了坚实可靠的技术依据，对于确保线路质量和安全至关重要。运行试验主要涵盖列车运行图参数测试、故障模拟、应急救援演练以及按图行车试验等内容。通过这些试验，能够全面检验各系统在正常运行以及非正常条件下运输组织的适应性，有效验证行车组织方式是否能够切实满足运营的实际需求。同时，还可以检验在设备故障、突发事件以及自然灾害等特殊情况下的应急处理能力，为制定科学合理、完善可行的运输组织方案提供有力的技术支撑。信号系统的检测工作在整个动态检测工作中占据核心地位。其检测范围包括新建高速铁路轨旁信号设备状态的联调联试及动态检测，以及列车运行控制系统（以下简称列控系统）、车站联锁系统、调度集中系统及相关功能的测试。通过对信号系统进行联调联试及动态检测，一方面能够准确检验轨旁信号设备的运行状态，为轨旁信号设备的动态验收提供可靠依据；另一方面，还可以验证地面列控系统的相关功能，以及该列控系统与其他系统的接口关系，同时确认调度集中系统的接口及相关功能是否符合相关标准要求。这一系列工作为后续的动态验收、运营管理细则的完善以及系统维护管理规章的制定提供了重要的参考依据。

本书共分为三章，系统地介绍了动态检测期间各种场景测试的试验方法，并对验证试验方案的可靠性进行了深入分析。在实际的现场场景试验中，通信信号专业存在配合场景设置复杂、动车组司机操作指示不够清晰、调度员指挥行车方案不明确以及专业配合和应急指挥缺乏完善应急处置流程等问题。针对这些问题，本书积极探索电务专业列控系统功能试验的设置方式，力求减少车载和地面设备之间的信息误差。同时，本书还致力于规范动车组司机的操控流程以及调度员的行车指挥时机，通过优化专业之间的配合，切实提高系统功能验证的效率。此外，本书紧密结合兰张高铁兰武段、包银铁路惠银段的联调联试、动态检测和运行试验实际情况，充分借鉴银西高铁、银兰高铁等线路联调联试和动态检测的相关资料，精心设置现场相关功能验证场景。通过各类型动车组的实车验证以及中国铁道科学研究院集团有限公司(以下简称铁科院)的专业评估验证，对场景测试实施方案进行了反复试验，并对试验结果进行了深入分析，以此来验证方案的可靠性，为高速铁路联调联试工作提供了具有重要参考价值的技术支持。

本书由郭晓龙、曲子贤、许强、吴永成主编。其他参加编写的人员有：姚亚明、李巍、丁红林、相永国、杨小恒、黄勇、旷文珍、杜希禄(第一章)；方峰、贾富强、沙闯、牛舵、刘世成、何涛、令文环、陈晶(第二章)；张旭德、张梓卉、韩悌涛、杨军、张锐、夏立民、谢飞(第三章)。全书由张红兵、张涛、赵文、马广元负责审定。在编写过程中，前期资料收集得到了马亚斌、孙克锦的大力支持，在此一并表示感谢。

因编者水平有限，不足之处恳请读者批评指正。

编者

2025 年 4 月

目录

第一章 CTCS-2级列控系统场景测试

信号系统由列车控制中心(TCC)、车站计算机联锁(CBI)及调度集中系统(CTC)等系统组成。列控系统一般采用 CTCS-2 级列控系统,正向按自动闭塞追踪运行,反向按自动站间闭塞运行;区间不设地面通过信号机,设置区间信号标志牌;正线、到发线列车进路均采用由计算机编码控制的 ZPW-2000 轨道电路。车站联锁系统一般采用独立的硬件安全冗余型计算机联锁设备。行车调度指挥采用调度集中系统。列控系统、车站计算机联锁系统、调度集中系统及相关功能测试范围包括:正线区间、正线车站(通过进路,S、S_F 接发车进路,X、X_F 接发车进路);相关线路所(X-S_F、S_F-X、S-X_F、X_F-S 进路);接入引起既有线相关信号软件升级,需既有线列控系统进行测试;仅限于与动车组相关的 CTCS-2 级进路,不含以上各车站与动车组 CTCS-2 级进路无关的调车线、牵出线、货物线、段管线、岔线及安全线等。

CTCS-2 级列控系统场景测试包括:列控中心控制轨道电路编码正确,控制有源应答器发送报文正确;地面应答器安装位置、链接关系及报文正确;轨道电路码序正确;上下行载频切换功能正确;临时限速拆分、下达、执行与取消功能和时机正确;自动过分相功能正确;列控中心、临时限速服务器等设备冗余功能正常,可实现系统或设备主备机的正常切换,轨道电路载频与应答器报文描述一致。根据列控系统功能在 CTCS-2 级功能测试案例的基础,采用装备 CTCS2-200C 列控车载设备的动车组进行 CTCS-2 级列控系统功能测试,包括正常行车、模式转换、临时限速、调车作业、故障处理、设备冗余、引导作业 7 个运营场景。测试案例以动态测试(测地面)为主,测试过程中需在实施方案中结合测试案例和进路条件等编制测试序列。

新建铁路信号系统测试采用装备 CTCS2-200C 车载设备的动车组,兼容性测试采用装备有其他类型列控车载设备(CTCS2-200H、CTCS3-300T、CTCS3-300S、CTCS3-300H)的动车组。信号系统测试时,列控车载设备置于控车模式,在不高于线路允许速度前提下,按列控车载设备允许速度行车。

本章按照标准三站两区间示意图(图 1-1),并结合现场测试场景展开工作。

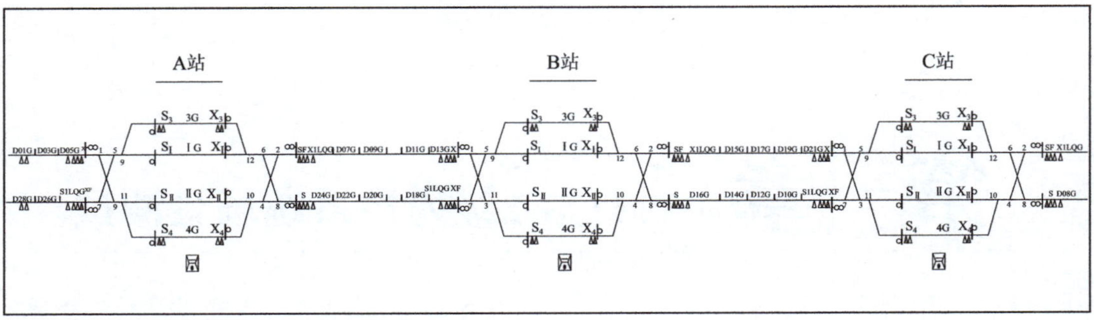

图 1-1　三站两区间示意图

注：标准线(站)示意图，车站名称、始端信号机、终端信号机、部分轨道区段名称均参照标准线。

第一节　正 常 行 车

在高速铁路联调联试的正常行车测试中，需通过排列试验进路，在动车组正常行车条件下，选取车载 ATP(指列控车载设备，下同)主要类型动车组，对多个关键系统和环节进行全面的测试、检查与验证，以确保高速铁路各系统间的协同运作以及列车运行的安全、高效与稳定。

一、试验目的

信号系统作为高速铁路运行的核心控制部分，其在正常行车中的可靠性和准确性至关重要。本试验旨在全面验证信号系统在模拟实际运营的正常行车条件下，各项功能的实现情况，确保信号系统能够精确无误地向列车传递运行指令，保障列车运行安全，高效有序地完成运输任务。同时，通过试验发现并解决信号系统在与其他系统协同工作时可能出现的问题，为高速铁路正式开通运营筑牢安全基石。

二、试验内容

1. 信号显示准确性测试

在列车正常运行过程中，检查地面信号机的显示状态，包括信号机的灯光颜色、显示顺序等是否符合相关标准和设计要求。确保列车司机能够清晰、准确地获取信号指示，避免因信号显示错误导致列车运行错误或安全事故。例如，在不同天气条件(晴天、雨天、雾天等)和光照强度下，观察信号机的可视性和显示准确性。

列车定位与追踪测试:利用高精度的定位设备和信号系统的列车追踪功能,实时监测列车在轨道上的位置信息。验证信号系统能否准确识别列车的位置,并根据列车位置及时调整信号显示和向列车发送相应的控制指令。同时,测试多列车运行时,信号系统对不同列车的追踪精度和区分能力,确保各列车之间的安全间隔得到有效保障。

2. 列控信息传输测试

检查信号系统与列车控制系统之间的通信链路,确保列控信息(如限速信息、目标距离、进路信息等)能够稳定、快速地传输。在列车正常运行过程中,模拟不同的通信场景,如信号干扰、通信中断恢复等,测试列控信息传输的可靠性和完整性。验证列车在接收到列控信息后,能否准确执行相应的控制动作,如速度调整、制动等。

3. 进路控制功能测试

根据列车的运行计划和调度指令,信号系统负责排列列车的进路。在正常行车试验中,测试信号系统对进路的排列、解锁和防护功能是否正常。检查进路的排列是否符合列车运行需求,进路解锁是否及时、准确,以及进路防护信号是否能够有效防止列车错误进入危险区域。

4. 与其他系统的接口测试

信号系统与轨道、供电、通信等多个系统存在接口,在正常行车试验中,验证信号系统与这些系统之间的接口兼容性和协同工作能力。例如,检查信号系统与供电系统的联动功能,当列车通过不同供电分区时,信号系统能否及时获取供电状态信息并做出相应的控制调整;测试信号系统与通信系统的配合,确保通信系统能够准确传输信号系统的相关信息。

三、试验流程

1. 准备阶段

完成信号系统设备的调试和校准工作,确保设备性能良好。对试验线路上的信号设备进行全面检查,包括信号机、轨道电路、应答器等,确保其安装牢固、连接正确。准备好用于测试和数据采集的设备,如列车定位仪、通信测试仪、数据记录仪等。制定详细的试验方案,明确试验线路、列车运行速度、测试项目、人员分工等内容。

2. 实施阶段

按照试验方案,列车开始在试验线路上进行正常运行。在运行过程中,依次进行各项测试内容，实时采集和记录信号系统的工作状态数据、列车运行数据以及与其他系统的交互数据。对于测试过程中发现的问题，及时进行详细记录，并暂停试验进行问题分析和处理。

3. 总结阶段

对试验过程中采集到的大量数据进行整理和分析，对比各项测试结果与试验标准，评估信号系统在正常行车条件下的性能和功能是否满足要求。编写试验报告，总结试验过程、结果和存在的问题，提出改进建议和措施，为信号系统的优化和高速铁路的正式运营提供依据。

四、试验标准

1. 信号显示准确率

地面信号机的显示准确率应达到 100%，不得出现错误显示或显示不清晰的情况。在不同环境条件下，信号机的可视距离应符合相关标准要求。

2. 列车定位误差

信号系统对列车的定位误差应控制在极小范围内，例如在高速运行时，定位误差不得超过标准值，确保列车位置的精确识别，为列控信息的准确发送提供基础。

3. 列控信息传输可靠性

列控信息传输的误码率应低于规定的阈值，如误码率不得超过标准值，确保列车能够准确接收信号系统发送的控制指令。通信中断恢复时间应在规定时间内，如不超过标准值，以保证列车运行的连续性和安全性。

4. 进路控制成功率

信号系统对进路的排列、解锁和防护功能的成功率应达到 100%，确保列车进路的安全可靠，避免因进路控制错误导致列车冲突等事故。

5. 接口兼容性

信号系统与其他系统之间的接口应能够稳定、可靠地工作，在协同工作过程中不得出现数据丢失、错误或系统故障等问题。

【测试场景 1-1】 完全监控(FS)/引导(CO)模式下收到无一致性错误报文后的处理

序号	等级	运营场景	测试场景	场景描述	选点要求
1	C2	正常行车	完全监控/引导模式下收到无一致性错误报文后的处理	动车组车载设备处于完全监控或引导模式,动车组 A 站正常发车,车载设备找到包含在链接信息中的应答器组,未发现链接一致性错误和数据一致性错误,车载设备接受该应答器组报文。	站内

预期结果:动车组以 C2 等级完全监控模式下 A 站发车正常行车,车载 DMI 显示正常。

调度台操作情况:根据联调联试指挥部发布日计划,排列调度员 A 站正常发车进路。

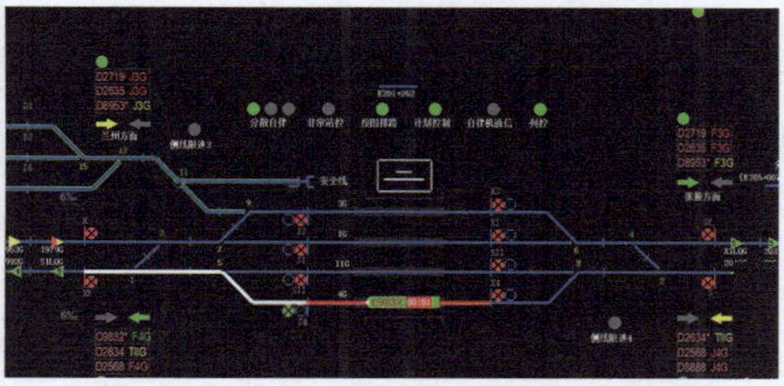

车载 DMI 显示情况:车载 DMI 显示正常,无异常报警信息,动车组司机按流程正常操控动车组。

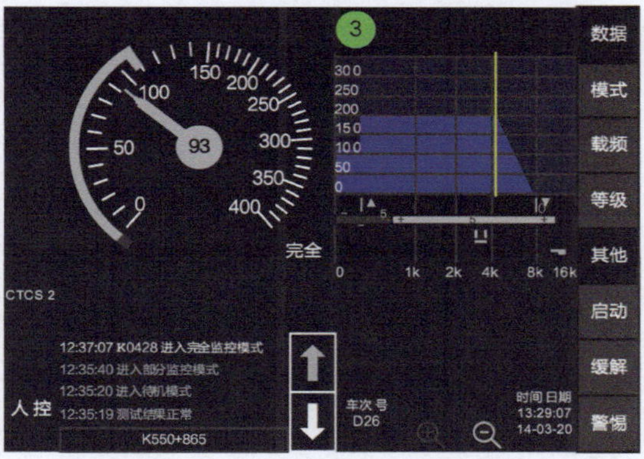

结果及评判标准:车载 ATP 在完全模式下运行,正常接收接发车信息,无异常报警。

1. 【CZ】、【Q】、【ZJ】、【JZ】、【FCZ】等应答器组编制符合《列控系统应答器应用技术条件》(Q/CR 769—2020)。

2. ATP 符合《CTCS-2 级列控车载设备技术条件》(TB/T 3529—2018):

6.2　应答器信息接收功能

6.2.1　BTM 应将接收到的应答器上行链路信号进行校验解码,转换为有效信息后传送给车载主控单元。

6.2.3　使用链接信息时,车载设备应仅接受标记为链接并与链接信息相符的应答器组,以及标记为非链接的应答器组。

注意事项:电务车载添乘人员提示司机按提示正常操作。

【测试场景 1-2】无一致性错误的标记为链接的应答器组的处理

序号	等级	运营场景	测试场景	场景描述	选点要求
2	C2	正常行车	无一致性错误的标记为链接的应答器组的处理	车载不使用链接信息，车载找到了标记为链接的应答器组，无数据一致性问题，车载接受该应答器组报文。	站内

预期结果：动车组以 C2 等级完全监控模式下 A 站发车正常行车，车载 DMI 显示正常。

调度台操作情况：根据联调联试指挥部发布日计划，调度员排列 A 站正常发车进路。

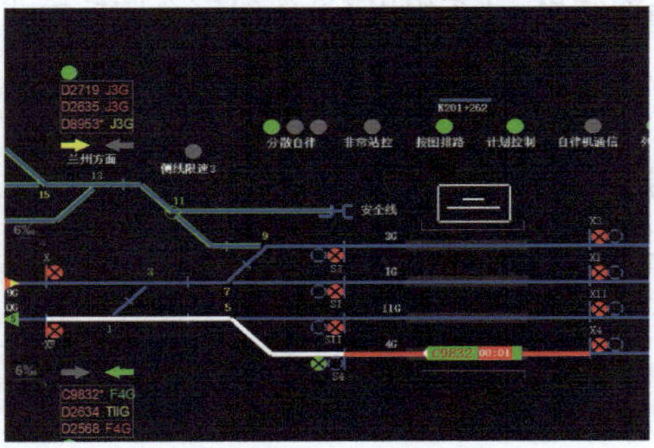

车载 DMI 显示情况：车载 DMI 显示正常，无异常报警信息，提示“动车组进入完全监控模式”。动车组司机按流程正常操控动车组。

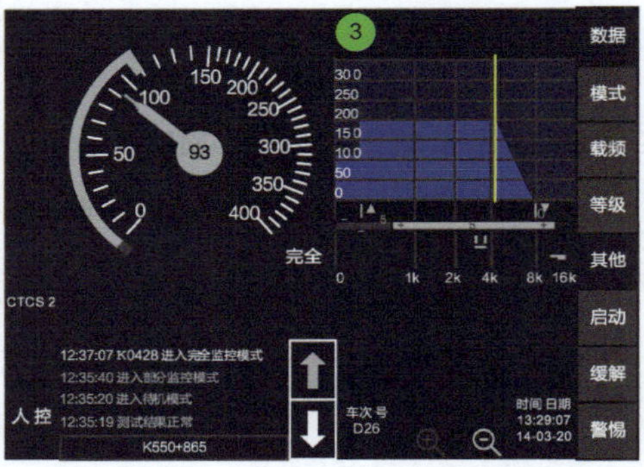

结果及评判标准：车载 ATP 在完全监控模式下运行，正常接收接发车信息，无异常报警。

1. 【CZ】、【Q】、【ZJ】、【JZ】、【FCZ】等应答器组编制符合《列控系统应答器应用技术条件》(Q/CR 769—2020)。

2. ATP 符合《CTCS-2 级列控车载设备技术条件》(TB/T 3529—2018)：

6.2　应答器信息接收功能

6.2.1　BTM 应将接收到的应答器上行链路信号进行校验解码，转换为有效信息后传送给车载主控单元。

6.2.2　不使用链接信息时，车载设备应接受所有类型的应答器组。

注意事项：电务车载添乘人员提示司机按提示正常操作。

【测试场景 1-3】　车载设备修正列车位置并重置置信区间

序号	等级	运营场景	测试场景	场景描述	选点要求
3	C2	正常行车	车载设备修正列车位置并重置置信区间	当列车通过链接的应答器组时，车载设备根据应答器链接信息修正测距误差，并对列车的位置信息进行校正。	站内

预期结果：动车组以 C2 等级完全监控模式下 A 站发车正常行车，车载 DMI 显示正常。

调度台操作情况：根据联调联试指挥部发布日计划，调度员排列 A 站正常发车进路。

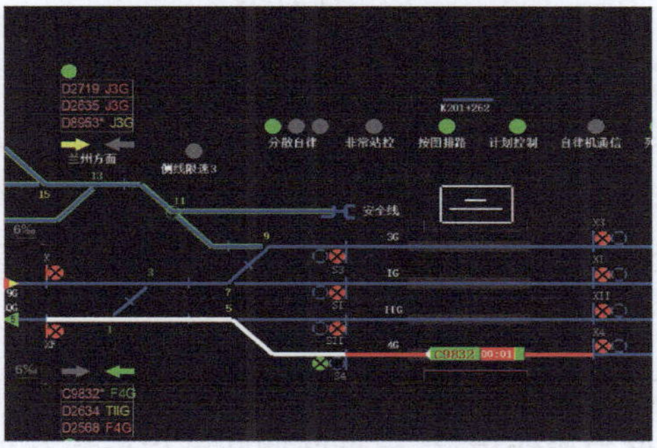

车载 DMI 显示情况：车载 DMI 显示正常，无异常报警信息，动车组司机按流程正常操控动车组。

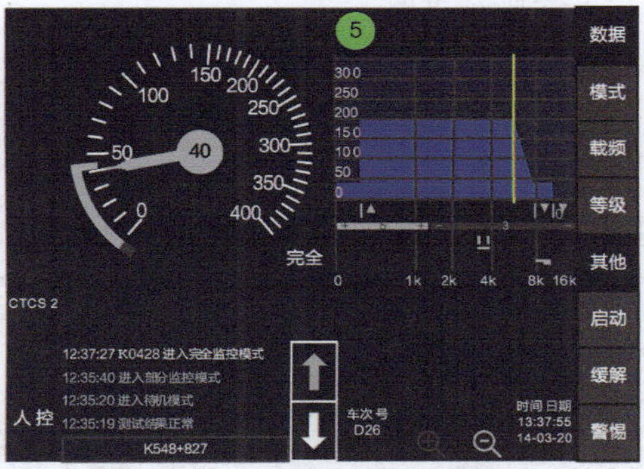

结果及评判标准：车载 ATP 在完全监控模式下运行，正常接收接发车信息；车载显示分相区位置、中继站位置均正确，通过区间应答器组【Q】、定位应答器【DW】等时，对车载位置进行自动校核。

1. 【CZ】、【Q】、【ZJ】、【JZ】、【FCZ】等应答器组编制符合《列控系统应答器应用技术条件》(Q/CR 769—2020)。

2. ATP 符合《CTCS-2 级列控车载设备技术条件》(TB/T 3529—2018)：

6.4.2　车载设备应具有处理一定范围内因空转、打滑造成的测速测距误差的功能。

6.4.3　车载设备应具有位置校正功能。

注意事项：电务车载添乘人员提示司机按提示正常操作。

【测试场景 1-4】 车载设备处理包含在链接信息中的链接应答器组

序号	等级	运营场景	测试场景	场景描述	选点要求
4	C2	正常行车	车载设备处理包含在链接信息中的链接应答器组	列车通过一个包含在链接信息中的链接应答器组，车载设备只接受此应答器组中与链接信息中规定的方向一致的信息包，或者是适用于双向的信息包，忽略与链接信息中规定的方向相反的信息包。	站内

预期结果：动车组以 C2 等级完全监控模式下 A 站发车正常行车，运行至 B 站，运行中收到出站信号机应答器组【CZ】、区间应答器组【Q】、中继站应答器组【ZJ】、进站信号机应答器组【JZ】、反向出站应答器器组【FCZ】等链接信息，应答器报文正常、车载 DMI 显示正常。

调度台操作情况：根据联调联试指挥部发布日计划，调度员排列 A 站正常发车进路、排列 B 站正常接车进路。

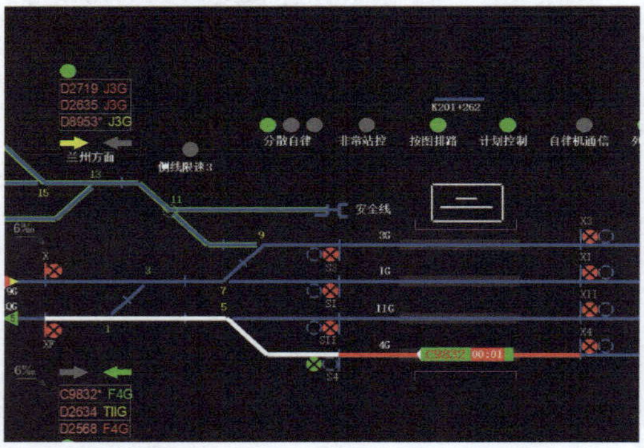

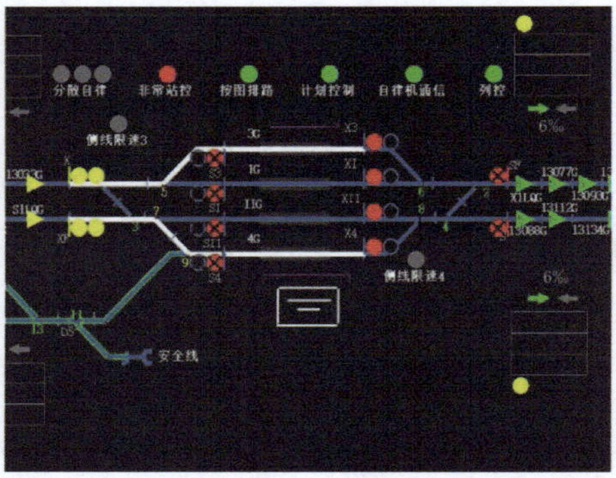

车载 DMI 显示情况：车载 DMI 显示正常，无异常报警信息，动车组司机按流程正常操控动车组。

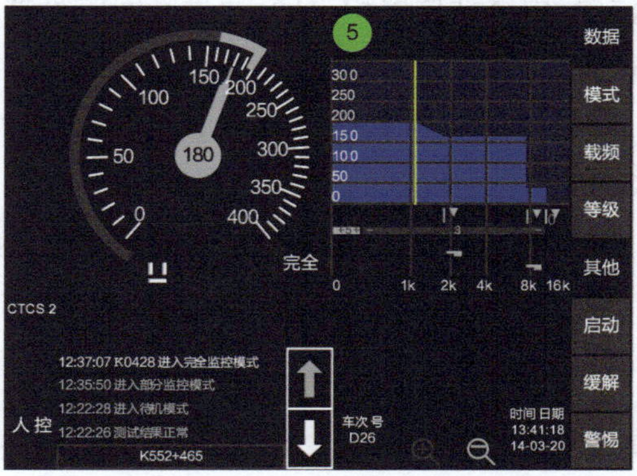

结果及评判标准：当从应答器接收到信息时，车载设备应只接受与其运行方向一致的信息。 1.【CZ】、【Q】、【ZJ】、【JZ】、【FCZ】等应答器组编制符合《列控系统应答器应用技术条件》(Q/CR 769—2020)。 2. ATP 符合车载《CTCS-2 级列控车载设备技术条件》(TB/T 3529—2018)： 6.2.4　车载设备应对接收到的应答器信息执行一致性和有效性检查。 6.2.5　车载设备对应答器组信息的一致性和有效性检查应遵循以下规定： a) 应答器组内序号不一致，该组应答器按丢失处理并给出报警提示； b) 应答器组内有应答器丢失，整组应答器应按丢失处理并给出报警提示； c) 应答器组内含有包标志及有效方向均相同的数据包，该组应答器按丢失处理(【ETCS-44】包除外，但嵌在【ETCS-44】包中的 CTCS 数据包仍适用该规则)； d) 如果不是从期望的方向通过应答器组，车载设备应拒绝来自该应答器组的信息，并输出紧急制动； e) 车载设备应根据报文计数器(M_MCOUNT)判断默认报文类型并给出相应报警提示(0 表示 LEU 默认，252 表示有源应答器默认，253 表示列控中心默认)； f) 应答器链接包中若含有编号为 16383 的应答器组，该链接包及车载设备接收的其他链接包应按丢弃处理； g) 如果使用链接信息，车载设备应拒绝标记为链接但与链接信息不符的应答器组信息，即使该应答器组出现读错误，也不应执行链接反应； h) 如果不使用链接信息，车载设备检测到标记为链接的应答器组发生信息一致性错误时，应输出最大常用制动。 6.2.6　当从应答器接收到信息时，车载设备应只接受与其运行方向一致的信息。
注意事项：电务车载添乘人员提示司机按提示正常操作。

【测试场景 1-5】 车载设备对链接信息表中的链接单应答器组内信息的使用

序号	等级	运营场景	测试场景	场景描述	选点要求
5	C2	正常行车	车载设备对链接信息表中的链接单应答器组内信息的使用	列车通过一个包含在链接信息中的链接单应答器组，车载设备只接受此应答器组中与链接信息中规定的方向一致的信息包，或者是适用于双向的信息包，忽略与链接信息中规定的方向相反的信息包。	站内

预期结果：动车组以 C2 等级完全监控模式下 A 站发车正常行车，运行至 B 站，运行中收到定位应答器器组【DW】等链接信息，应答器报文正常、车载 DMI 显示正常。

调度台操作情况：根据联调联试指挥部发布日计划，调度员排列 A 站正常发车进路、排列 B 站正常接车进路。

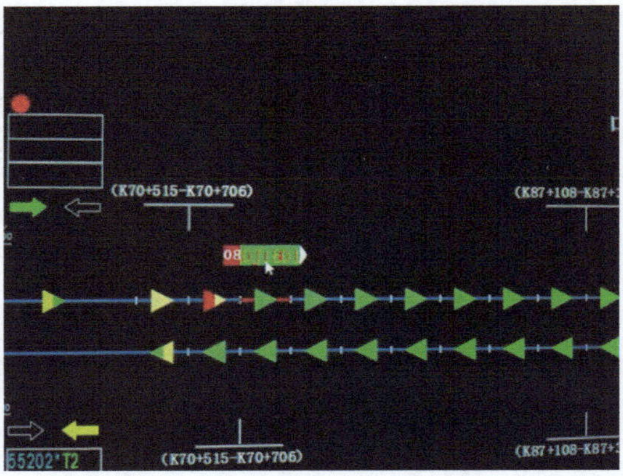

车载 DMI 显示情况：车载 DMI 显示正常，无异常报警信息，动车组司机按流程正常操控动车组。

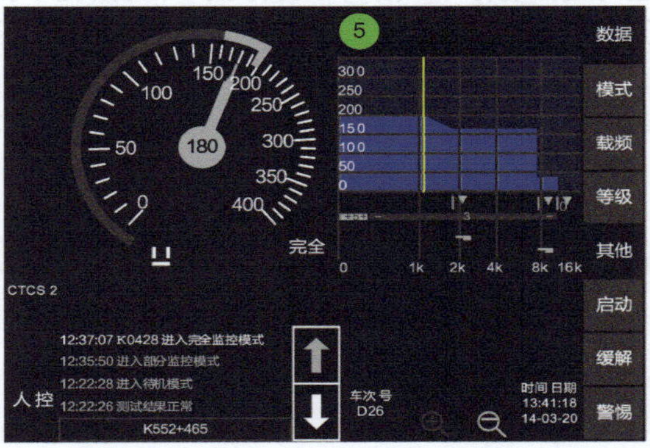

结果及评判标准：当从应答器接收到信息时，车载设备应只接受与其运行方向一致的信息。 1.【CZ】、【Q】、【ZJ】、【JZ】、【FCZ】等应答器组编制符合《列控系统应答器应用技术条件》(Q/CR 769—2020)。 2. ATP 符合车载《CTCS-2 级列控车载设备技术条件》(TB/T 3529—2018)： 6.2.4　车载设备应对接收到的应答器信息执行一致性和有效性检查。 6.2.5　车载设备对应答器组信息的一致性和有效性检查应遵循以下规定： a) 应答器组内序号不一致，该组应答器按丢失处理并给出报警提示； b) 应答器组内有应答器丢失，整组应答器应按丢失处理并给出报警提示； c) 应答器组内含有包标志及有效方向均相同的数据包，该组应答器按丢失处理(【ETCS-44】包除外，但嵌在【ETCS-44】包中的 CTCS 数据包仍适用该规则)； d) 如果不是从期望的方向通过应答器组，车载设备应拒绝来自该应答器组的信息，并输出紧急制动； e) 车载设备应根据报文计数器(M_MCOUNT)判断默认报文类型并给出相应报警提示(0 表示 LEU 默认，252 表示有源应答器默认，253 表示列控中心默认)； f) 应答器链接包中若含有编号为 16383 的应答器组，该链接包及车载设备接收的其他链接包应按丢弃处理； g) 如果使用链接信息，车载设备应拒绝标记为链接但与链接信息不符的应答器组信息，即使该应答器组出现读错误，也不应执行链接反应； h) 如果不使用链接信息，车载设备检测到标记为链接的应答器组发生信息一致性错误时，应输出最大常用制动。 6.2.6　当从应答器接收到信息时，车载设备应只接受与其运行方向一致的信息。
注意事项：电务车载添乘人员提示司机按提示正常操作。

【测试场景 1-6】 车载设备对 CTCS 版本兼容的应答器组信息的处理

序号	等级	运营场景	测试场景	场景描述	选点要求
6	C2	正常行车	车载设备对 CTCS 版本兼容的应答器组信息的处理	如果列车经过的应答器组的 CTCS 版本信息和车载设备存储的 CTCS 版本信息兼容，则车载设备接受此应答器组的消息，并且根据接收的信息包进行处理。	站内

预期结果：动车组以 C2 等级完全监控模式下 A 站发车正常行车，运行至 B 站，运行中收到出站信号机应答器组【CZ】、区间应答器组【Q】、中继站应答器组【ZJ】、进站信号机应答器组【JZ】、反向出站应答器器组【FCZ】等链接信息，应答器报文正常、车载 DMI 显示正常。

调度台操作情况：根据联调联试指挥部发布日计划，调度员排列 A 站正常发车进路、排列 B 站正常接车进路。

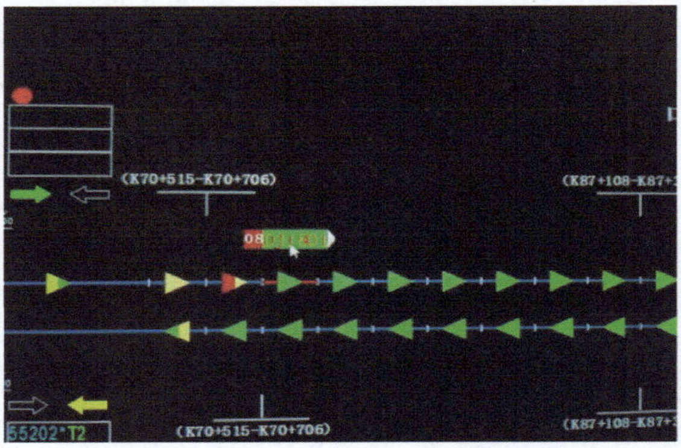

车载 DMI 显示情况：车载 DMI 显示正常，无异常报警信息，动车组司机按流程正常操控动车组。

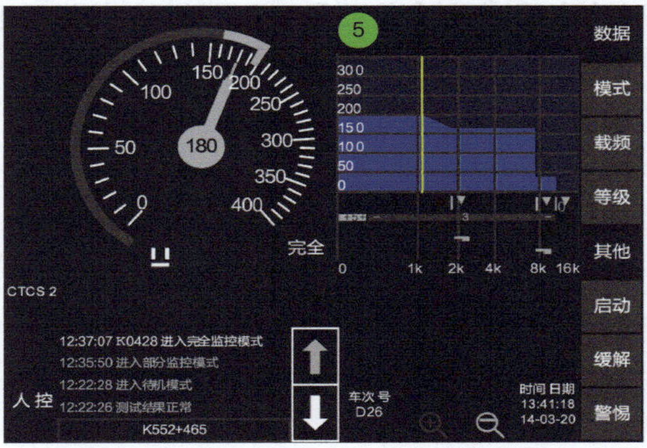

结果及评判标准：当从应答器接收到信息时，车载设备应只接受与其运行方向一致的信息。 1.【CZ】、【Q】、【ZJ】、【JZ】、【FCZ】等应答器组编制符合《列控系统应答器应用技术条件》(Q/CR 769—2020)。 2. ATP 符合车载《CTCS-2 级列控车载设备技术条件》(TB/T 3529—2018)： 6.2.4　车载设备应对接收到的应答器信息执行一致性和有效性检查。 6.2.5　车载设备对应答器组信息的一致性和有效性检查应遵循以下规定： a) 应答器组内序号不一致，该组应答器按丢失处理并给出报警提示； b) 应答器组内有应答器丢失，整组应答器应按丢失处理并给出报警提示； c) 应答器组内含有包标志及有效方向均相同的数据包，该组应答器按丢失处理(【ETCS-44】包除外，但嵌在【ETCS-44】包中的 CTCS 数据包仍适用该规则)； d) 如果不是从期望的方向通过应答器组，车载设备应拒绝来自该应答器组的信息，并输出紧急制动； e) 车载设备应根据报文计数器(M_MCOUNT)判断默认报文类型并给出相应报警提示(0 表示 LEU 默认，252 表示有源应答器默认，253 表示列控中心默认)； f) 应答器链接包中若含有编号为 16383 的应答器组，该链接包及车载设备接收的其他链接包应按丢弃处理； g) 如果使用链接信息，车载设备应拒绝标记为链接但与链接信息不符的应答器组信息，即使该应答器组出现读错误，也不应执行链接反应； h) 如果不使用链接信息，车载设备检测到标记为链接的应答器组发生信息一致性错误时，应输出最大常用制动。
注意事项：电务车载添乘人员提示司机按提示正常操作。

【测试场景 1-7】 位置校正

序号	等级	运营场景	测试场景	场景描述	选点要求
7	C2	正常行车	位置校正	当列车通过链接的应答器组时，车载设备根据应答器链接信息修正测距误差，并对列车的位置信息进行校正。	站内

预期结果：动车组以 C2 等级完全监控模式下 A 站发车正常行车，运行至 B 站，运行中收到出站信号机应答器组【CZ】、区间应答器组【Q】、中继站应答器组【ZJ】、进站信号机应答器组【JZ】、反向出站应答器器组【FCZ】等链接信息，应答器报文正常、车载 DMI 显示正常。

调度台操作情况：根据联调联试指挥部发布日计划，调度员排列 A 站正常发车进路、排列 B 站正常接车进路。

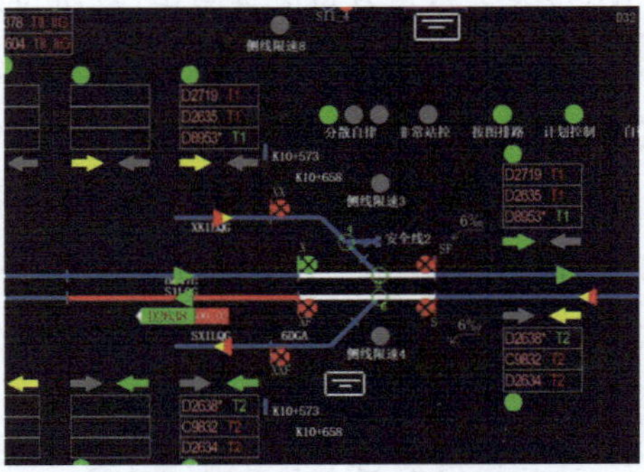

车载 DMI 显示情况：车载 DMI 显示正常，无异常报警信息，动车组司机按流程正常操控动车组。

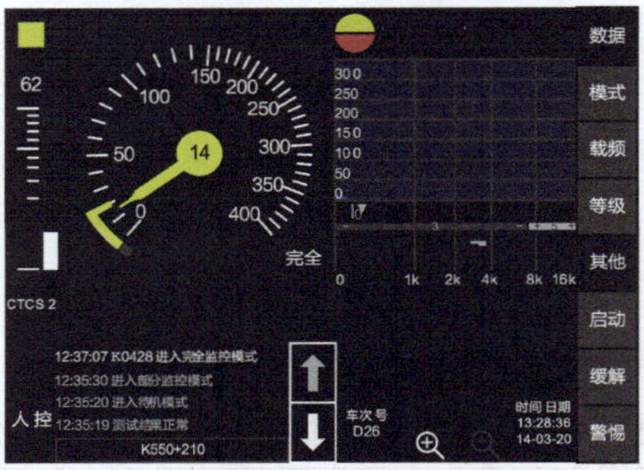

结果及评判标准：当从应答器接收到信息时，车载设备应只接受与其运行方向一致的信息。

1. 【CZ】、【Q】、【ZJ】、【JZ】、【FCZ】等应答器组编制符合《列控系统应答器应用技术条件》(Q/CR 769—2020)。

2. ATP 符合车载《CTCS-2 级列控车载设备技术条件》(TB/T 3529—2018)：

6.4 速度、距离计算

6.4.1 车载设备应实时监测列车速度并计算列车走行距离。

6.4.2 车载设备应具有处理一定范围内因空转、打滑造成的测速测距误差的功能。

6.4.3 车载设备应具有位置校正功能。

6.4.4 车载设备应能向司机显示线路公里标。

注意事项：电务车载添乘人员提示司机按提示正常操作。

【测试场景 1-8】　车尾保持

序号	等级	运营场景	测试场景	场景描述	选点要求
8	C2	正常行车	车尾保持	转入完全模式时车载设备应正确执行车尾保持功能。其中：在 UUS 码下且无临时限速信息，车载设备收到应答器数据从部分监控转为完全监控模式，以 80 km/h 的速度进行车尾保持。	站内

预期结果：动车组以 C2 等级完全监控模式下 A 站发车正常行车，车载显示正常。

调度台操作情况：根据联调联试指挥部发布日计划，调度员排列 A 站正常发车进路，动车组车头运行越过反向进站信号机应答器组后。

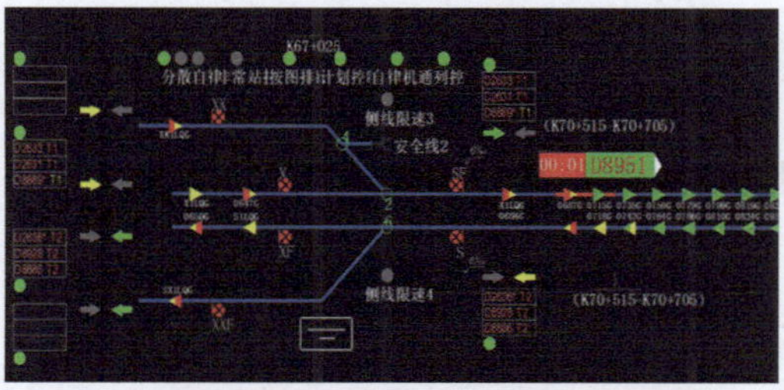

车载 DMI 显示情况：车载 DMI 显示正常，控车曲线显示为 85 km/h，速度曲线未发生变化。

结果及评判标准：当动车组车载 ATP 从部分监控模式下接收到应答器信息转变为完全监控模式后，动车组控车曲线仍为 80 km/h，待动车组车尾通过应答器后，控车曲线恢复正常。

1.【CZ】、【Q】、【ZJ】、【JZ】、【FCZ】等应答器组编制符合《列控系统应答器应用技术条件》(Q/CR 769—2020)。

2. ATP 符合车载《CTCS-2 级列控车载设备技术条件》(TB/T 3529—2018)：

6.5　最限制速度曲线计算

6.5.1　MRSP 计算应考虑线路固定限速、线路临时限速、列车构造限速及模式限速，并取所有速度限制中最严格的部分。

6.5.2　当 MRSP 曲线的构成要素发生变化时，应重新计算 MRSP 曲线。

6.5.3　当进入降速区段 MRSP 曲线计算应考虑安全距离，进入升速区段 MRSP 曲线计算应进行车尾保持。

7.4.4.6.c) 当列车头部通过道岔区段后，但列车尾部还未完全出清道岔区段前，车载设备应具有车尾限速保持功能。

注意事项：电务车载添乘人员提示司机按提示正常操作。

【测试场景 1-9】 部分监控模式(PS)转入完全监控模式(FS)

序号	等级	运营场景	测试场景	场景描述	选点要求
9	C2	正常行车	部分监控模式转入完全监控模式	部分监控模式下，经过应答器组确定位置，线路数据满足完全监控条件且地面为允许信号(HB 除外)或 HU 码，转入完全监控模式。	站内

预期结果：动车组以 C2 等级完全监控模式下 A 站发车正常行车，车载显示正常。

调度台操作情况：根据联调联试指挥部发布日计划，调度员排列 A 站正常发车进路，动车组运行越过反向进站信号机应答器组后。

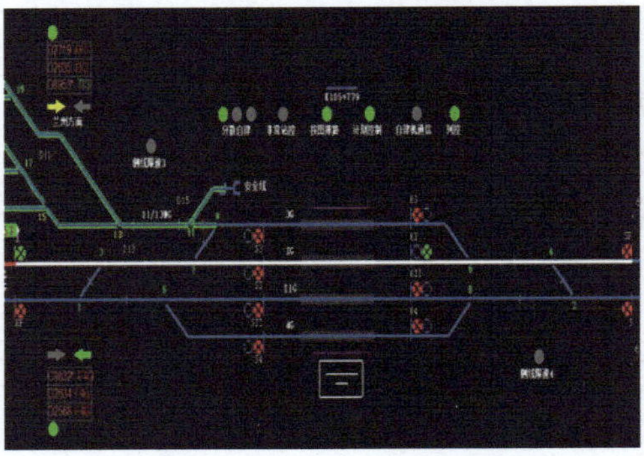

车载 DMI 显示情况：车载 DMI 显示正常，动车组出站时提示“进入部分监控模式”，待动车组运行越过反向进站信号机应答器组后提示“进入完全监控模式”。

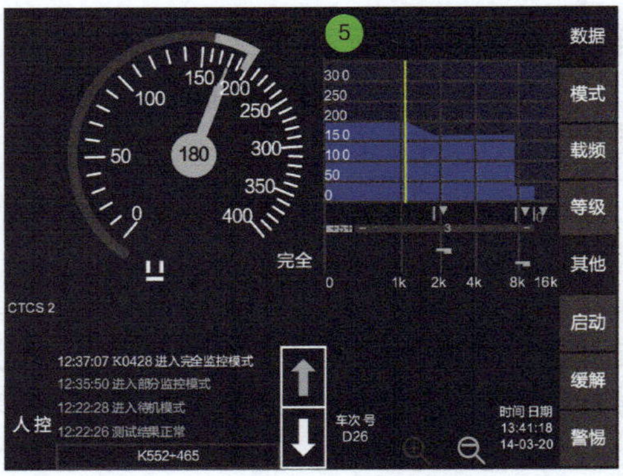

结果及评判标准：动车组运行越过反向进站信号机应答器组后提示“进入完全监控模式”。

1. 【CZ】、【Q】、【ZJ】、【JZ】、【FCZ】等应答器组编制符合《列控系统应答器应用技术条件》(Q/CR 769—2020)。

2. ATP 符合车载《CTCS-2 级列控车载设备技术条件》(TB/T 3529—2018)：

7.3.3.2 线路数据满足完全监控条件，转入 FS 模式。

7.4.2.1 PS 模式下，经过应答器组确定位置，线路数据满足完全监控条件，转入 FS 模式。

注意事项：电务车载添乘人员提示司机按提示正常操作。

【测试场景 1-10】 侧线接车后收到允许信号发车时可由完全监控模式(FS)转入部分监控模式(PS)

序号	等级	运营场景	测试场景	场景描述	选点要求
10	C2	正常行车	侧线接车后收到允许信号发车时可由完全监控模式转入部分监控模式	在完全监控模式下，侧线接车后收到允许信号发车，车载设备可转入部分模式。	站内

预期结果：动车组以 C2 等级完全监控模式下 A 站发车正常行车，车载 DMI 显示正常。

调度台操作情况：根据联调联试指挥部发布日计划，调度员排列 A 站正常发车进路。

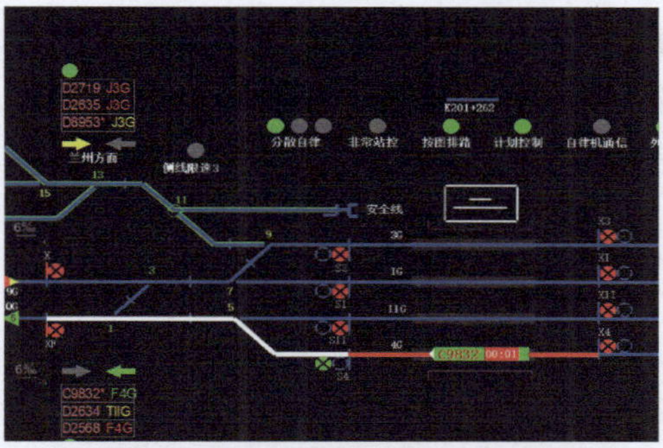

车载 DMI 显示情况：车载 DMI 显示正常，动车组出站时提示“进入部分监控模式”。

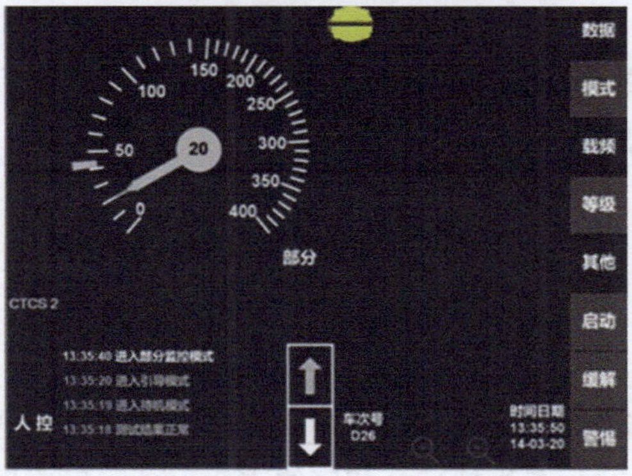

结果及评判标准：动车组出站时提示“进入部分监控模式”。

1. 【CZ】、【Q】、【ZJ】、【JZ】、【FCZ】等应答器组编制符合《列控系统应答器应用技术条件》(Q/CR 769—2020)。

2. ATP 符合车载《CTCS-2 级列控车载设备技术条件》(TB/T 3529—2018)：

7.3.2.3　FS 模式下，侧线接车后，停车后接收到 UU 码或 UUS 码发车，可转入 PS 模式。

7.4.3.2　FS 模式下，侧线接车，停车后接收到 UU 码或 UUS 码发车，可转入 PS 模式。

注意事项：电务车载添乘人员提示司机按提示正常操作。

【测试场景 1-11】 完全监控模式(FS)下过分相信息的处理

序号	等级	运营场景	测试场景	场景描述	选点要求
11	C2	正常行车	完全监控模式下过分相信息的处理	CTCS-2 等级使用地面数据进行自动过分相时，车头越过分相区终点后 1 000 m 输出允许磁钢过分相指令。	站内

预期结果：动车组以 C2 等级完全监控模式下 A 站发车正常行车，车载 DMI 显示正常。

调度台操作情况：根据联调联试指挥部发布日计划，调度员排列 A 站正常发车进路，动车组正常发车，区间存在分相区提示信息。

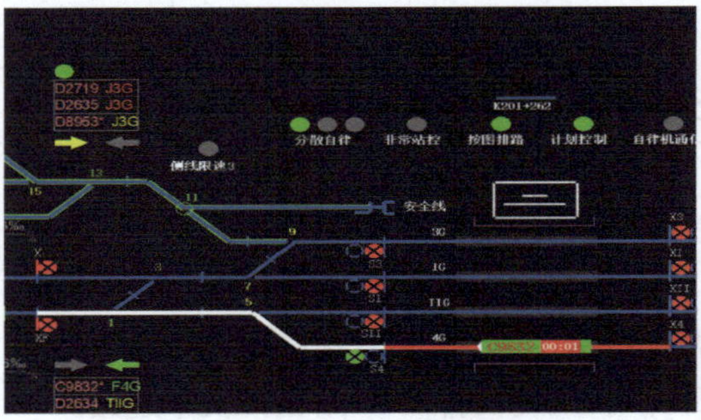

车载 DMI 显示情况：车载 DMI 显示正常，提示“过分相信息”。

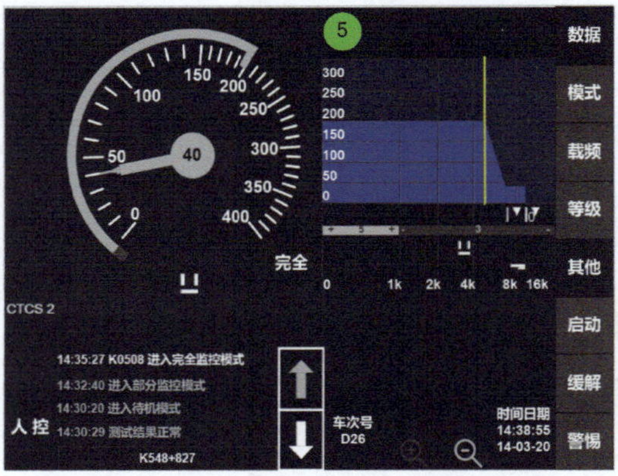

结果及评判标准：动车组完全监控模式下通过应答器接收分相区信息并实现自动过分相控制，车头越过分相区终点 1 000 m 后应停止输出过分相选择信号。

1. 【CZ】、【Q】、【ZJ】、【JZ】、【FCZ】等应答器组编制符合《列控系统应答器应用技术条件》(Q/CR 769—2020)。

2. ATP 符合车载《CTCS-2 级列控车载设备技术条件》(TB/T 3529—2018)：

6.10.1 车载设备应在 FS 模式下通过应答器接收分相区信息并实现自动过分相控制。

6.10.3 车载设备控制过分相选择信号输出应遵循以下原则：

a) 从应答器接收到分相区预告信息后，应立即输出过分相选择信号；

b) 车头越过分相区终点 1 000 m 后应停止输出过分相选择信号。

注意事项：电务车载添乘人员提示司机按提示正常操作。

【测试场景 1-12】　完全(FS)或部分监控模式(PS)下收到默认报文(M_MCOUNT=0)的处理

<table>
<tr><th>序号</th><th>等级</th><th>运营场景</th><th>测试场景</th><th>场景描述</th><th>选点要求</th></tr>
<tr><td>12</td><td>C2</td><td>正常行车</td><td>完全或部分监控模式下收到默认报文(M_MCOUNT=0)的处理</td><td>列车在 A 站发车前，由行车指挥通知 B 站配合试验的电务人员，断开 X 进站信号机和 X_3 出站信号机 LEU 与 TCC 之间的线缆，再通知 B 站车站值班员办理 S-S_4-X_F 通过进路。
1. 列车在 A 站以 C2 等级部分监控模式发车，过 B 站 S 进站信号机处应答器组观察现象。
2. 过 B 站 S_4 出站信号机处应答器组后观察现象。
3. 场景测试结束后恢复 LEU 与 TCC 之间的线缆。</td><td>站内</td></tr>
<tr><td colspan="6">预期结果：动车组车载设备处于完全或部分监控模式进站，DMI 显示为 LEU 默认报文并给出相应的报警提示。</td></tr>
<tr><td colspan="4">调度台操作情况：
1. 根据联调联试指挥部发布日计划，列车在 A 站发车前，行车指挥通知 B 站配合试验的电务人员断开 S 进站信号机和 S_4 出站信号机 LEU 与 TCC 之间的线缆。
2. 调度员办理 B 站 S-S_4-X_F 通过进路。</td><td colspan="2">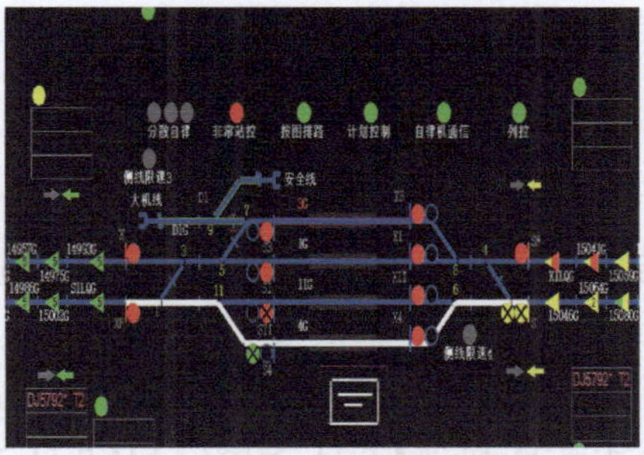</td></tr>
<tr><td colspan="4">电务人员配合断开通信接口单元：B 站配合试验人员接车上试验人员通知断开 LEU 通信接口单元的第一个、第二个、第三个、第四个 CI-TIU。</td><td colspan="2"></td></tr>
<tr><td colspan="4">电务配合人员确认报文信息：使用报文读取工具在分线盘读取 S(X_4)和 S_4(X_7)报文，确认报文计数器为 0，然后通知车上试验人员。</td><td colspan="2">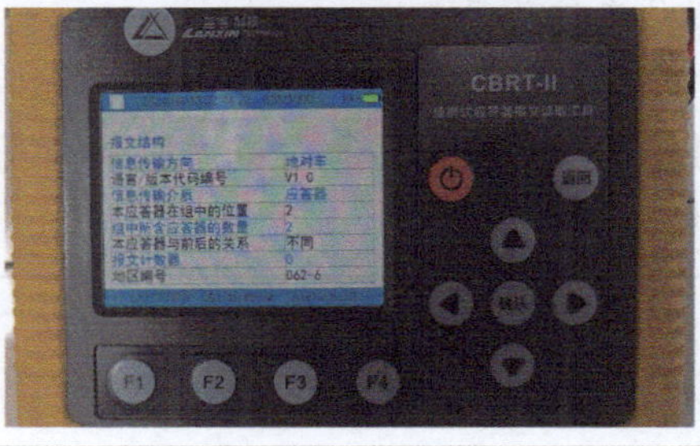</td></tr>
</table>

车载 DMI 显示情况：

1. B 站发车车载 DMI 显示正常，提示“部分监控模式”→“完全监控模式”。

2. 动车组运行至 B 站进站口，越过 S 进站信号机应答器组后，DMI 提示“默认报文”“SB7(C2)”。

3. 动车组继续运行越过 B 站 X_4 出站应答器组后，DMI 提示“默认报文”“SB7(C2)”。

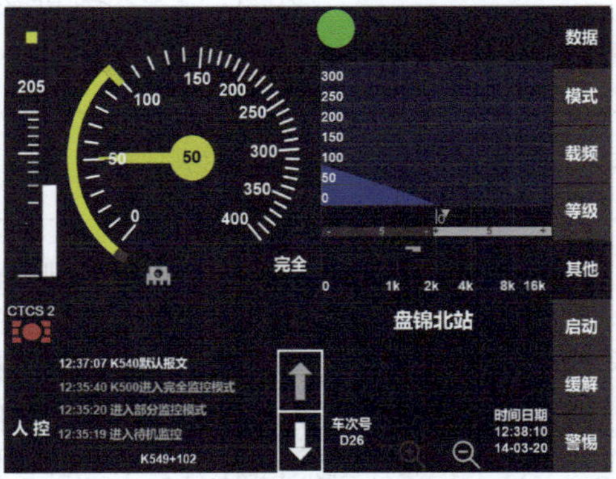

电务配合人员合上通信接口单元：B 站配合试验人员接车上试验人员通知合上 LEU 通信接口单元的第一个、第二个、第三个、第四个 CI-TIU。

电务配合人员确认报文信息：接车上试验人员通知后，在分线盘读取报文确认报文计数器为 255。

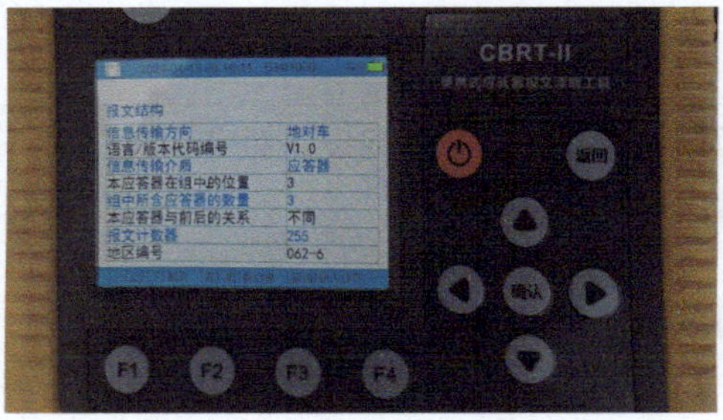

结果及评判标准：在动车组越过 S 进站信号机应答器组和 S_4 出发信号机应答器组时 DMI 连续提示“默认报文”“SB7(C2)”。

1. 应答器符合《列控系统应答器应用技术条件》(Q/CR 769—2020)附录 B.1 中,【JZ】发送默认报文【ETCS-137】和【ETCS-254】报文,【CZ】发送侧线默认报文【CTCS-5】、【ETCS-132】、【ETCS-137】和【ETCS-254】。

2. ATP 符合车载《CTCS-2 级列控车载设备技术条件》(TB/T 3529—2018)：

7.4.3.5 接收到默认报文，转入 PS 模式。

7.4.3.6 接收到绝对停车信息，紧急制动停车后缓解紧急制动，可转入 SB 模式。

7.4.9 接收默认报文时的处理：在 FS 模式下，当车载设备接收到与运行方向一致的【ETCS-254】包，或接收到 M _MCOUNT 值为 0/252/253 的应答器默认报文时，应丢弃之前接收的线路数据和临时限速信息，转入 PS 模式并输出最大常用制动，同时提示应答器信息接收异常。

注意事项：电务配合人员需听从行车人员指挥，及时断开、恢复 LEU 与 TCC 间通信开关。

【测试场景 1-13】　完全（FS）或部分监控模式（PS）下收到默认报文（M_MCOUNT＝252）的处理

序号	等级	运营场景	测试场景	场景描述	选点要求
13	C2	正常行车	完全或部分监控模式下收到默认报文（M_MCOUNT＝252）的处理	列车在 A 站发车前，由行车指挥通知 B 站配合试验的电务人员，断开 S 进站信号机和 S_4 信号机有源应答器与 LEU 之间的线缆，再通知 B 站车站值班员办理 S-S_4-X_F 通过进路。 1. 列车在 A 站以 C2 等级部分监控模式发车，过 B 站 S 进站信号机处应答器组观察现象。 2. 过 B 站 S_4 出站信号机处应答器组后观察现象。 3. 场景测试结束后恢复有源应答器与 LEU 之间的线缆。	站内

预期结果：动车组车载设备处于完全或部分监控模式进站，DMI 显示为 LEU 默认报文并给出相应的报警提示。

调度台操作情况：

1. 根据联调联试指挥部发布日计划，列车在 A 站发车前，行车指挥通知 B 站配合试验的电务人员断开 S 进站信号机和 S_4 信号机有源应答器与 LEU 之间的线缆。
2. 行车指挥通知办理 B 站 S-S_4-X_F 通过进路。

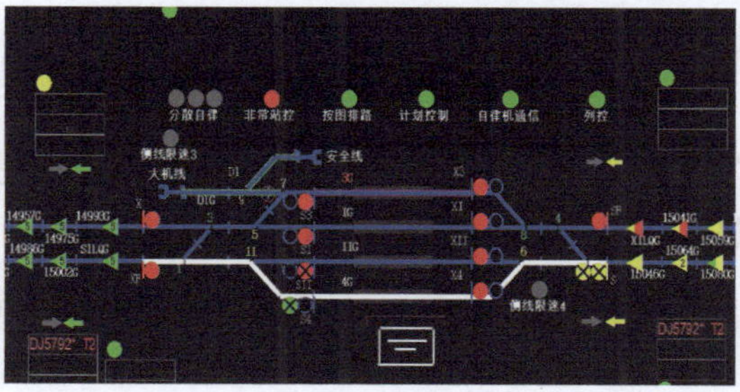

电务人员配合情况：断开 S 进站信号机和 S_4 信号机有源应答器与 LEU 之间的线缆；拔出列控机柜零层 X_4、X_7 万科端子应答器电缆。

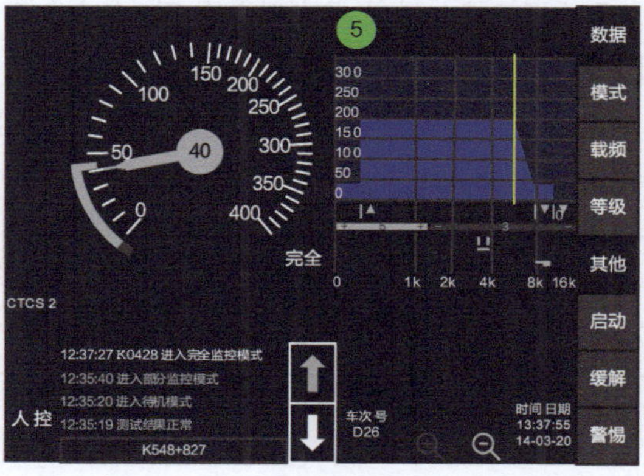

车载 DMI 显示情况：

1. A 站发车，车载 DMI 显示正常，提示“部分监控模式”→“完全监控模式”。

2. 动车组运行至 B 站进站口，越过 S 进站信号机应答器组后，DMI 提示“默认报文”“SB7(C2)”。

3. 动车组继续运行越过 B 站 X_4 出站应答器组后，DMI 提示“默认报文”“SB7(C2)”。

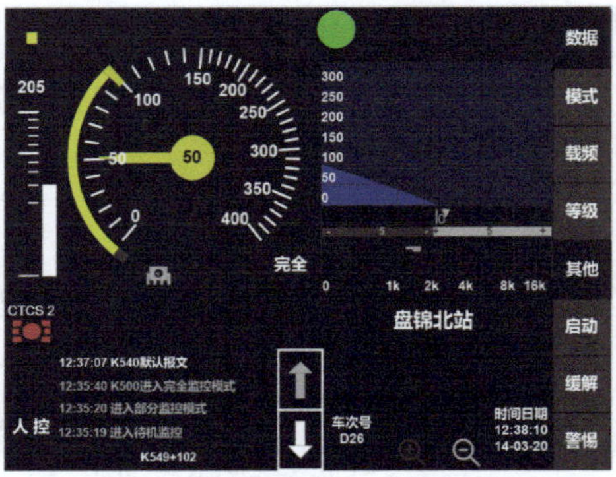

电务人员配合情况：该场景测试结束后行车指挥通知 B 站配合试验的电务人员恢复 S 进站信号机和 S_4 信号机有源应答器与 LEU 之间的应答器电缆。

结果及评判标准：在动车组越过 S 进站信号机应答器组和 S_4 出发信号机应答器组时 DMI 连续提示“默认报文”“SB7(C2)”。

1. 应答器符合《列控系统应答器应用技术条件》(Q/CR 769—2020)附录 B.1 中，【JZ】发送默认报文【ETCS-137】和【ETCS-254】报文，【CZ】发送侧线默认报文【CTCS-5】、【ETCS-132】、【ETCS-137】和【ETCS-254】。

2. ATP 符合车载《CTCS-2 级列控车载设备技术条件》(TB/T 3529—2018)：

7.4.3.5 接收到默认报文，转入 PS 模式。

7.4.3.6 接收到绝对停车信息，紧急制动停车后缓解紧急制动，可转入 SB 模式。

7.4.9 接收默认报文时的处理：在 FS 模式下，当车载设备接收到与运行方向一致的【ETCS-254】包，或接收到 M_MCOUNT 值为 0/252/253 的应答器默认报文时，应丢弃之前接收的线路数据和临时限速信息，转入 PS 模式并输出最大常用制动，同时提示应答器信息接收异常。

注意事项：电务配合人员需听从行车人员指挥，及时断开、恢复 S 进站信号机和 S_4 信号机有源应答器与 LEU 之间的应答器电缆。

【测试场景 1-14】　完全监控模式(FS)下收到默认报文后对临时限速的处理

序号	等级	运营场景	测试场景	场景描述	选点要求
14	C2	正常行车	完全监控模式下收到默认报文后对临时限速的处理	列车在 A 站发车前,由行车指挥通知 B 站配合试验的电务人员,断开 S 进站信号机和 S_4 出站信号机 LEU 与 TCC 之间的线缆,再通知 B 站车站值班员办理 S-S_4-X_F 通过进路。 1. 列车在 A 站以 C2 等级部分监控模式发车,过 B 站 S 进站信号机处应答器组观察现象。 2. 过 B 站 S_4 出站信号机处应答器组后观察现象。 3. 场景测试结束后恢复有源应答器与 LEU 之间的线缆。	站内

预期结果:动车组车载设备处于完全或部分监控模式进站,DMI 显示为 LEU 默认报文并给出相应的报警提示,限速命令无提示。

调度台操作情况:

1. 根据联调联试指挥部发布日计划,列车在 A 站发车前,行车指挥通知 B 站配合试验的电务人员断开 S 进站信号机和 S_4 出站信号机 LEU 与 TCC 之间的线缆。
2. 调度员办理 B 站 S-S_4-X_F 通过进路。

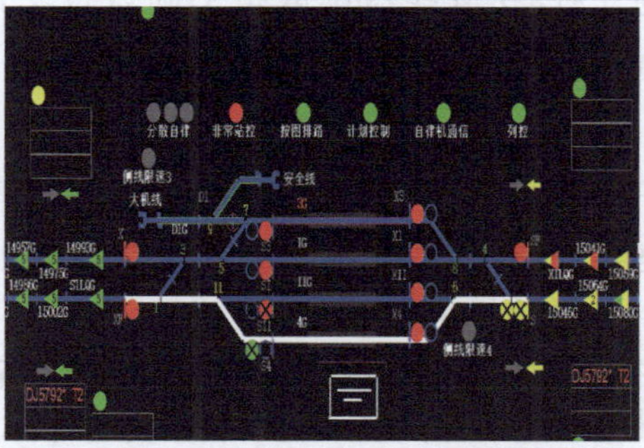

电务人员配合断开通信接口单元:B 站配合试验人员接车上试验人员通知断开 LEU 通信接口单元的第一个、第二个、第三个、第四个 CI-TIU。

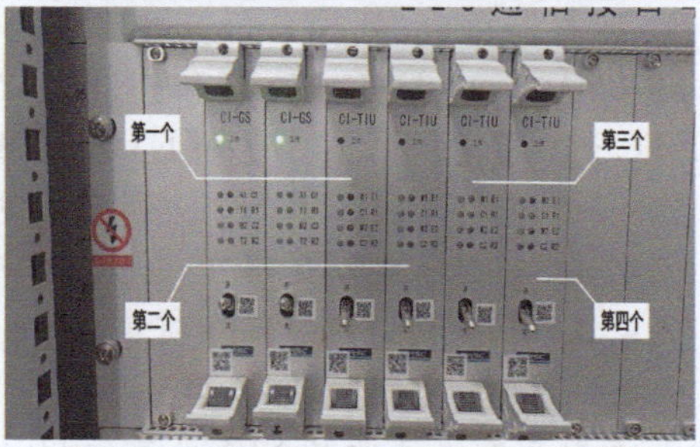

电务配合人员确认报文信息:使用报文读取工具在分线盘读取 S(X_4)和 S4(X_7)报文,确认报文计数器为 0,然后通知车上试验人员。

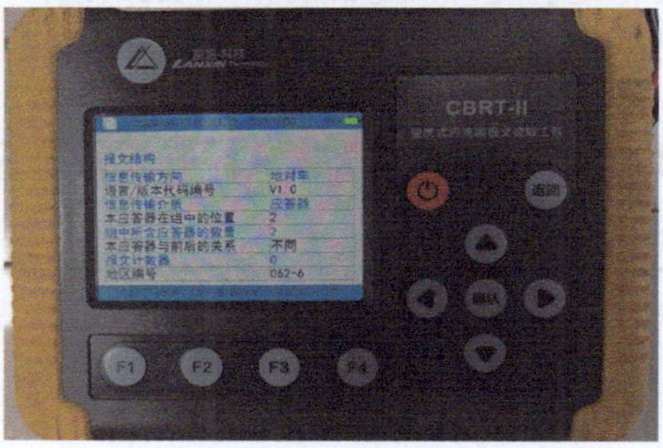

车载 DMI 显示情况：

1. A 发车车载 DMI 显示正常，提示“部分监控模式”→“完全监控模式”。

2. 动车组运行至 B 站进站口，越过 S 进站信号机应答器组后，DMI 提示“默认报文”“SB7(C2)”。

3. 动车组继续运行越过 B 站 X_4 出站应答器组后，DMI 提示“默认报文”“SB7(C2)”。

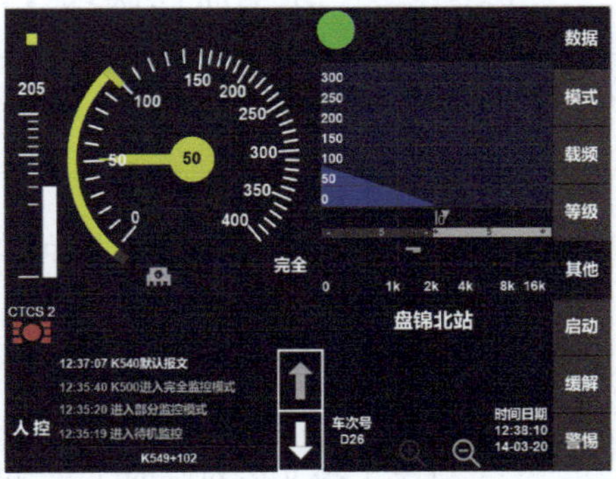

电务配合人员合上通信接口单元：B 站配合试验人员接车上试验人员通知合上 LEU 通信接口单元的第一个、第二个、第三个、第四个 CI-TIU。

电务配合人员确认报文信息：接车上试验人员通知后，在分线盘读取报文确认报文计数器为 255。

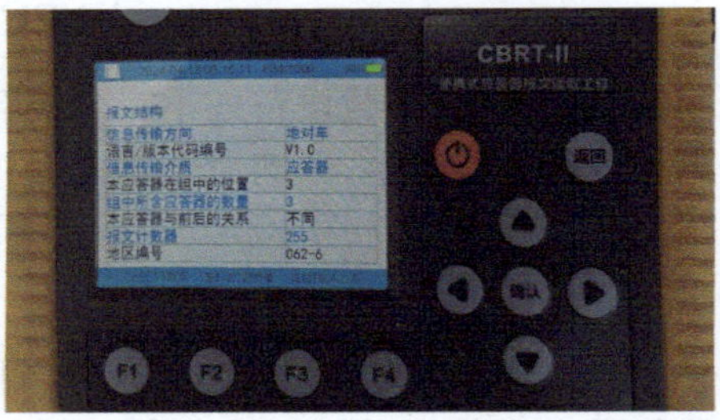

结果及评判标准：在动车组越过 S 进站信号机应答器组和 S_4 出发信号机应答器组时 DMI 连续提示完全监控模式下，车载设备临时限速信息更新失败或临时限速信息耗尽时，由临时限速引起的限速曲线 SBI 设置为 50 km/h，EBI 缓降为 55 km/h，同时应根据其他限速条件按最不利限制速度进行控制。

1. 应答器符合《列控系统应答器应用技术条件》(Q/CR 769—2020)附录 B. 1 中，【JZ】发送默认报文【ETCS-137】和【ETCS-254】报文，【CZ】发送侧线默认报文【CTCS-5】、【ETCS-132】、【ETCS-137】和【ETCS-254】。

2. ATP 符合车载《CTCS-2 级列控车载设备技术条件》(TB/T 3529—2018)：

7.4.3.5　接收到默认报文，转入 PS 模式。

7.4.3.6　接收到绝对停车信息，紧急制动停车后缓解紧急制动，可转入 SB 模式。

7.4.5　临时限速处理：车载设备临时限速信息更新失败或临时限速信息耗尽时，由临时限速引起的限速曲线 SBI 设置为 50 km/h，EBI 缓降为 55 km/h，同时应根据其他限速条件按最不利限制速度进行控制。

注意事项：电务配合人员需听从行车人员指挥，及时断开、恢复 LEU 与 TCC 间通信开关。

第二节　模式转换

一、试验目的

CTCS-2级车载ATP包含完全监控模式、部分监控模式、目视行车模式、调车模式等多种运行模式，每种模式在不同的运营场景下发挥作用。开展不同模式间的转换试验，旨在验证车载ATP在各种模式切换过程中的功能可靠性、信息传输准确性和对列车运行的有效控制能力，确保列车在复杂多变的运营条件下，能够安全、稳定、高效地运行，保障高速铁路的运营安全与秩序。

二、试验流程

(一)准备阶段

对车载ATP设备进行全面检查和调试，确保各功能模块正常工作，如轨道电路信息接收单元、应答器信息读取器、速度传感器等无故障，设备参数设置符合设计要求。在试验线路上布置好必要的信号设备，如轨道电路、应答器等，并确保其能准确发送相应的信息。同时，在列车上安装高精度的数据采集设备，用于记录模式转换过程中的关键数据，包括列车速度、位置、车载ATP设备状态、模式转换时间等。制定详细的试验方案，明确不同模式转换的触发条件、试验步骤和人员分工，确保试验有序进行。

(二)实施阶段

1. 完全监控模式与部分监控模式转换

列车在完全监控模式下按正常速度运行，通过模拟轨道电路故障、应答器信息丢失等情况，触发向部分监控模式的转换。记录转换过程中车载ATP设备对列车速度的控制情况，检查限速值的计算是否准确，列车是否能按照部分监控模式下的限速要求平稳减速或运行。反之，当故障恢复后，测试从部分监控模式向完全监控模式的转换，观察车载ATP设备重新获取完整信息后的速度调整和运行状态恢复情况。

2. 部分监控模式与目视行车模式转换

在部分监控模式下，当列车运行至信号显示不明或无信号的区域时，触发向目视行车模式的转换。检查转换过程中车载ATP设备对列车运行的限制条件，如限速、运行距离等是否符合规定，列车司机的操作是否得到正确响应。当列车驶出该区域，具备正常信号条件时，测试从目视行车模式向部分监控模式的转换，验证车载 ATP 设备重新获取信号后的功能恢复情况。

3. 调车模式与其他模式转换

列车在停车状态下，将车载 ATP 设备切换至调车模式，进行调车作业模拟。测试调车模式下的速度控制、信号防护等功能是否正常。完成调车作业后，测试从调车模式转换回其他正常运行模式（如完全监控模式或部分监控模式）的过程，检查车载 ATP 设备对列车运行状态的重新识别和控制是否准确。

在不同的线路条件（如直线、曲线、坡度变化）和速度条件下重复上述模式转换试验，全面检验车载 ATP 在各种工况下模式转换的可靠性。同时，设置一些特殊情况，如紧急制动、信号突变等，测试车载 ATP 在异常情况下模式转换的应对能力和安全性。

（三）总结阶段

对试验过程中采集到的大量数据进行整理和分析，绘制速度—时间曲线、位置—模式转换图等图表，直观展示模式转换过程中列车运行参数的变化情况。根据数据分析结果，评估车载 ATP 不同模式间转换的性能，判断是否满足设计规范和运营要求。如发现存在问题，深入分析问题产生的原因，如设备故障、软件逻辑错误、信号干扰等，并提出针对性的改进措施和建议。编写详细的试验报告，内容包括试验目的、试验过程、试验结果、问题分析及改进建议等，为高速铁路的运营、维护和后续技术改进提供重要参考依据。

三、试验标准

1. 转换时间

模式转换应在规定的时间内完成，一般要求快速、平稳切换，避免因转换时间过长影响列车运行效率，通常规定转换时间不超过标准值。

2. 信息准确性

在模式转换前后，车载 ATP 设备获取的列控信息（如限速、目标距离、进路信息等）应准确无误，与地面设备发送的信息一致，误差在允许范围内。

3. 速度控制精度

模式转换过程中，列车的实际运行速度应能按照车载 ATP 设备的控制要求准确调整，速度偏差不超过规定的范围，确保列车运行平稳，无超速、急减速等异常情况。

4. 可靠性

经过多次重复试验，模式转换成功率应达到标准值以上，确保在实际运营中能够稳定可靠地实现模式转换。

四、注意事项

试验过程中，严格遵守安全操作规程，确保试验人员和设备的安全。在列车运行和模式转换过程中，安排专人密切关注列车运行状态和车载 ATP 设备的工作情况，随时准备应对突发情况。试验环境应尽量模拟实际运营场景，包括线路条件、信号干扰、天气状况等，以提高试验结果的真实性和可靠性。试验过程中，加强各部门和人员之间的沟通协作，如司机、信号维护人员、试验技术人员等，确保试验计划的顺利执行，及时解决试验中出现的问题。通过对以上 CTCS-2 级列控系统车载设备各模式转换的全面测试，能够确保列控系统在各种情况下都能准确、可靠地工作，保障高速铁路列车的安全、高效运行。

【测试场景 2-1】 引导模式(CO)转入完全监控模式(FS)

序号	等级	运营场景	测试场景	场景描述	选点要求
1	C2	模式转换	引导模式转入完全监控模式	具备引导发车功能的线路： A 站车站值班员暂不办理 X_3-S_F 引导发车进路。 1. ATP 上电后进入 C2 等级部分监控模式，行车指挥通知 A 站车站值班员办理 X_3-S_F 引导发车进路，观察现象后列车发车。 2. 列车过出站口观察现象。	站内

预期结果：ATP 上电后进入 C2 等级部分监控模式；动车组按引导信号运行，进入引导模式；继续运行过 S_F 信号机应答器后转完全监控模式。

调度台操作情况：

1. 根据联调联试指挥部发布日计划，A 站暂不办理 X_3-S_F 引导发车进路。

2. 待动车组具备条件后，行车指挥通知办理 A 站 X_3-S_F 引导发车进路。

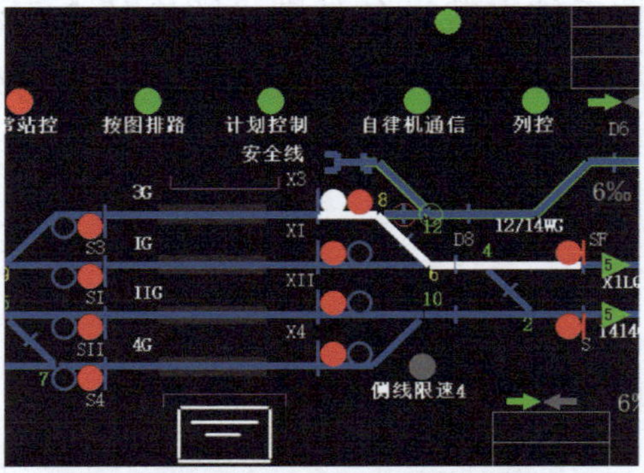

车载 DMI 显示情况：

1. ATP 上电后进入 C2 等级部分监控模式。

2. 动车组按引导信号运行，进入引导模式，引导接、发车。

3. 当动车组运行过 S_F 信号机应答器后，转为完全监控模式。

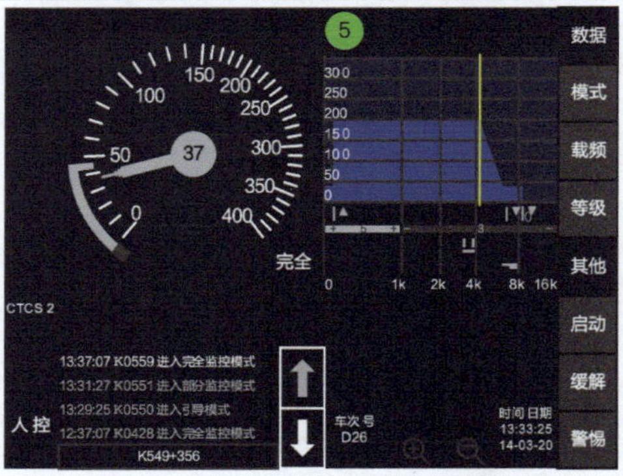

结果及评判标准：ATP 上电后进入 C2 等级部分监控模式；动车组按引导信号运行，进入引导模式；引导模式下，经过应答器组确定位置，线路数据满足完全监控条件且地面为允许信号(HB 除外)，转入完全监控模式。

ATP 符合车载《CTCS-2 级列控车载设备技术条件》(TB/T 3529—2018)：

7.4.2.3 CO 模式下，接收到允许码，线路数据满足完全监控条件，可转入 FS 模式。

7.5.2.2 PS 模式下，接收到 HB 码，列车速度小于 45 km/h，转入 CO 模式。

注意事项：电务车载添乘人员提示司机按提示正常操作。

【测试场景 2-2】　部分监控模式(PS)转引导模式(CO)

序号	等级	运营场景	测试场景	场景描述	选点要求
2	C2	模式转换	部分监控模式转入引导模式	具备引导发车功能的线路： A 站车站值班员暂不办理 X_3-S_F 引导发车进路。 1. ATP 上电后进入 C2 等级部分监控模式，行车指挥通知 A 站车站值班员办理 X_3-S_F 引导发车进路，观察现象后列车发车。 2. 列车过出站口观察现象。	站内

预期结果：ATP 上电后进入 C2 等级部分监控模式；动车组按引导信号运行，进入引导模式；继续运行过 S_F 信号机应答器后转完全监控模式。

调度台操作情况：

1. 根据联调联试指挥部发布日计划，A 站暂不办理 X_3-S_F 引导发车进路。

2. 待动车组具备条件后，行车指挥通知办理 A 站 X_3-S_F 引导发车进路。

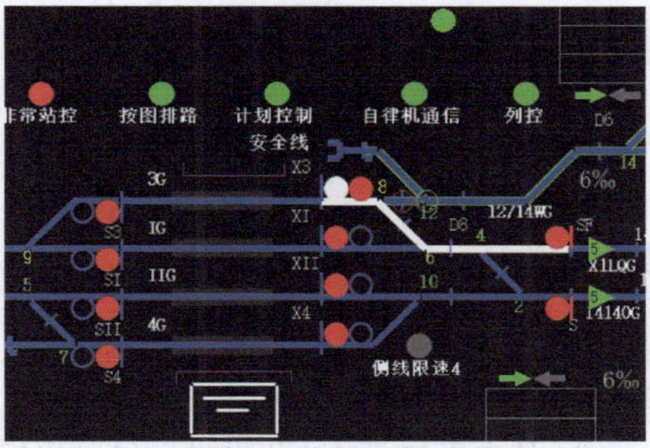

车载 DMI 显示情况：

1. ATP 上电后进入 C2 等级部分监控模式。

2. 车载 DMI 显示 HB 码时，动车组按引导信号运行，进入引导模式，引导接、发车。

3. 当动车组运行过 S_F 信号机应答器后，转为完全监控模式。

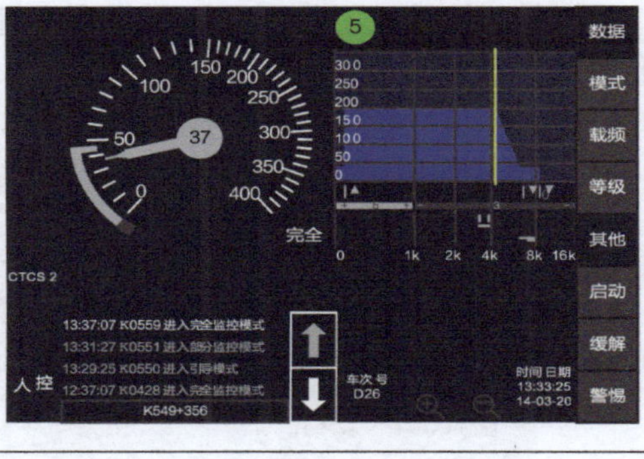

结果及评判标准：ATP 上电后进入 C2 等级部分监控模式；车载设备从轨道电路收到 HB 码，且当前速度不大于引导模式允许速度，车载设备转入引导模式，继续运行过 S_F 信号机应答器后转完全监控模式。

ATP 符合车载《CTCS-2 级列控车载设备技术条件》(TB/T 3529—2018)：

7.3.3.3　PS 模式下，接收到 HB 码，列车速度小于 45 km/h，转入 CO 模式。

7.4.2.3　CO 模式下，接收到允许码，线路数据满足完全监控条件，可转入 FS 模式。

注意事项：电务车载添乘人员提示司机按提示正常操作。

【测试场景 2-3】 部分监控模式(PS)下收到 HB 码且列车速度小于 45 km/h 时转到引导模式(CO)

序号	等级	运营场景	测试场景	场景描述	选点要求
3	C2	模式转换	部分监控模式下收到 HB 码且列车速度小于 45 km/h 时转到引导模式	具备引导发车功能的线路，A 站车站值班员暂不办理 X_3-S_F 引导发车进路。 1. ATP 上电后进入 C2 等级部分监控模式，行车指挥通知 A 站车站值班员办理 X_3-S_F 引导发车进路，观察现象后列车发车。 2. 列车过出站口观察现象。	站内

预期结果：ATP 上电后进入 C2 等级部分监控模式；动车组按引导信号运行，进入引导模式；继续运行过 S_F 信号机应答器后转完全监控模式。

调度台操作情况：

1. 根据联调联试指挥部发布日计划，A 站暂不办理 X_3-S_F 引导发车进路。

2. 待动车组具备条件后，行车指挥通知办理 A 站 X_3-S_F 引导发车进路。

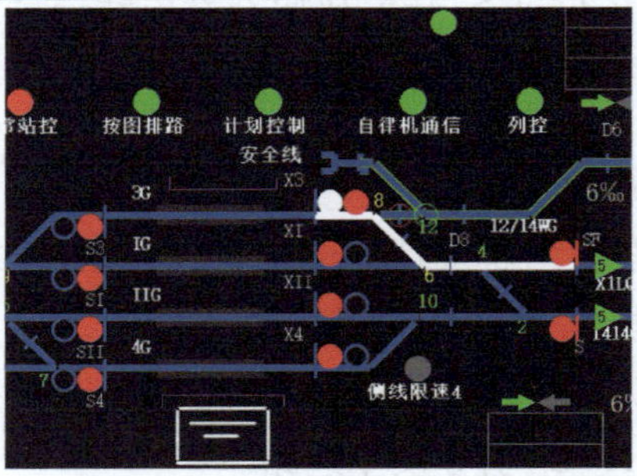

车载 DMI 显示情况：

1. ATP 上电后进入 C2 等级部分监控模式。

2. 部分监控模式下收到 HB 码且列车速度降低至 45 km/h 时，动车组按引导信号运行，进入引导模式，引导接、发车。

3. 当动车组运行过 S_F 信号机应答器后，转为完全监控模式。

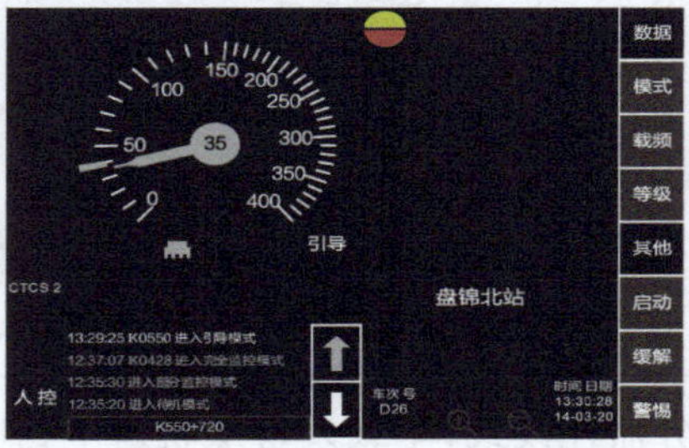

结果及评判标准：ATP 上电后进入 C2 等级部分监控模式；在部分监控模式，接收到 HB 码，列车速度小于 45 km/h，车载设备转入引导模式，继续运行过 S_F 信号机应答器后转完全监控模式。

ATP 符合车载《CTCS-2 级列控车载设备技术条件》(TB/T 3529—2018)：

7.3.3.3 PS 模式下，接收到 HB 码，列车速度小于 45 km/h，转入 CO 模式。

7.4.2.3 CO 模式下，接收到允许码，线路数据满足完全监控条件，可转入 FS 模式。

注意事项：电务车载添乘人员提示司机按提示正常操作。

【测试场景 2-4】　目视行车模式(OS)转入完全监控模式(FS)

序号	等级	运营场景	测试场景	场景描述	选点要求
4	C2	模式转换	目视行车模式转入完全监控模式	1. 司机选择错误载频进入 C2 等级目视行车模式。 2. A 站车站值班员办理 S_4-X_F 发车进路，列车发车。	站内

预期结果：ATP 启机后，司机选择错误载频进入 C2 等级目视行车模式；目视行车模式下，经过应答器组确定位置，线路数据满足完全监控条件且地面为允许信号(HB 除外)，转入完全监控模式。

调度台操作情况：根据联调联试指挥部发布日计划，调度员排列 A 站 S_4-X_F 发车进路。

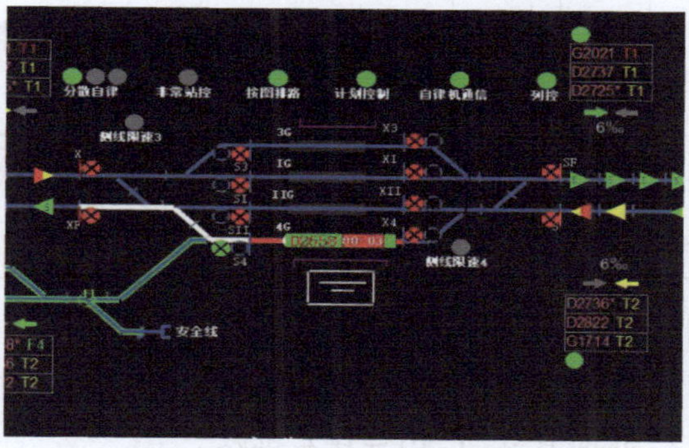

车载 DMI 显示情况：ATP 启机后，动车组进入 C2 等级目视行车模式，当动车组运行过出站信号机应答器时，地面为允许信号，列车转入完全监控模式。

结果及评判标准：ATP 启机后，司机选择错误载频进入 C2 等级目视行车模式；经过应答器组确定位置，线路数据满足完全监控条件且地面为允许信号(HB 除外)，转入完全监控模式。

ATP 符合车载《CTCS-2 级列控车载设备技术条件》(TB/T 3529—2018)：

7.4.2.2　OS 模式下，接收到允许码，线路数据满足完全监控条件，转入 FS 模式。

注意事项：电务车载添乘人员提示司机按提示正常操作。

【测试场景 2-5】 完全监控模式(FS)转入引导模式(CO)

序号	等级	运营场景	测试场景	场景描述	选点要求
5	C2	模式转换	完全监控模式转入引导模式	列车发车前,行车指挥通知 B 站车站值班员办理 X-X_3 接车进路。 1. 列车在 A 站以 C2 等级部分监控模式发车,运行至 B 站 X 进站信号机前停车,由行车指挥通知 B 站车站配合试验的电务人员模拟岔区轨道电路(××DG)故障占用。 2. 模拟成功后通知 B 站车站值班员办理 3G 引导接车进路,观察现象。 3. 列车继续运行至股道停车,恢复故障占用。	站内

预期结果: ATP 按完全监控模式运行至 B 站;X 进站引导信号开放后,DMI 显示 HB 码;车载设备转入引导模式。

调度台操作情况:

1. 根据联调联试指挥部发布日计划,调度员排列 B 站 X-X_3 接车进路。
2. 办理 B 站 3G 引导接车进路。

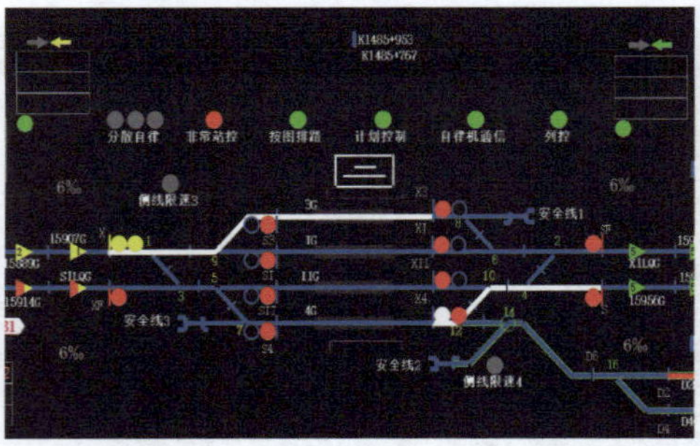

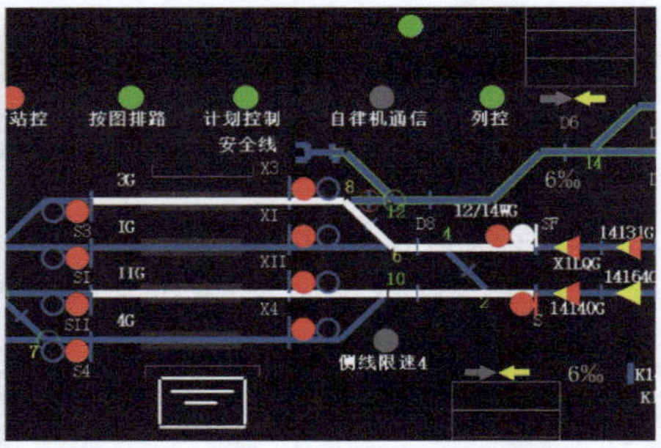

电务人员模拟故障: 待动车组运行至 B 站 X 进站信号机处时,按行车指挥通知,模拟岔区 7DG 故障占用。

车载 DMI 显示情况：ATP 按完全模式运行至 B 站，当进站引导信号开放时，DMI 显示闪 HU 码，车载设备转入引导模式。

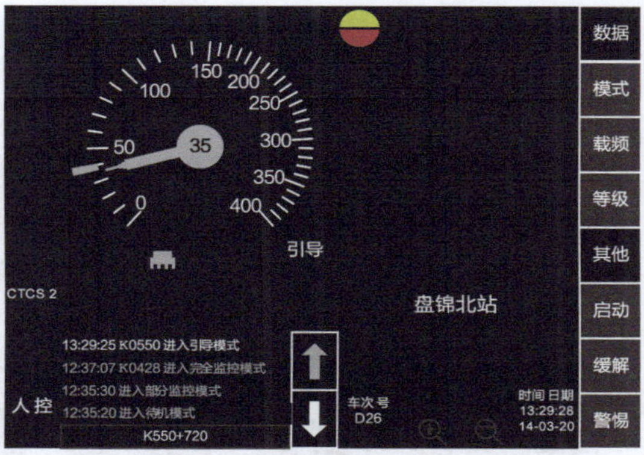

结果及评判标准：ATP 按完全模式运行至 B 站；X 进站引导信号开放后，DMI 显示 HU 码；SBI 速度小于等于 45 km/h，列车速度小于等于 40 km/h，转入引导模式。

ATP 符合车载《CTCS-2 级列控车载设备技术条件》(TB/T 3529—2018)：

7.5.2.1　FS 模式下，接收到 HB 码，SBI 速度小于 45 km/h，列车速度小于 45 km/h，司机确认后，转入 CO 模式，同时删除原存储的线路描述信息。

注意事项：电务人员需听从行车人员指挥，待动车组运行至 B 站 X 进站信号机处时，模拟岔区 7DG 故障占用。

【测试场景 2-6】　完全监控模式(FS)下收到 HB 码且司机确认后转到引导模式(CO)

序号	等级	运营场景	测试场景	场景描述	选点要求
6	C2	模式转换	完全监控模式下收到 HB 码且司机确认后转到引导模式	列车发车前，行车指挥通知 B 站车站值班员办理 $X\text{-}X_3$ 接车进路。 1. 列车在 A 站以 C2 等级部分监控模式发车，运行至 B 站 X 进站信号机前停车，由行车指挥通知 B 站车站配合试验的电务人员模拟岔区轨道电路(××DG)故障占用。 2. 模拟成功后通知 B 站车站值班员办理 3G 引导接车进路，观察现象。 3. 列车继续运行至股道停车，恢复故障占用。	站内

预期结果：ATP 按完全监控模式运行至 A 站；X 进站引导信号开放后，DMI 显示 HB 码；车载设备转入引导模式。

调度台操作情况：

1. 根据联调联试指挥部发布日计划，调度员排列 A 站 X-X_3 接车进路。
2. 办理 B 站 3G 引导接车进路。

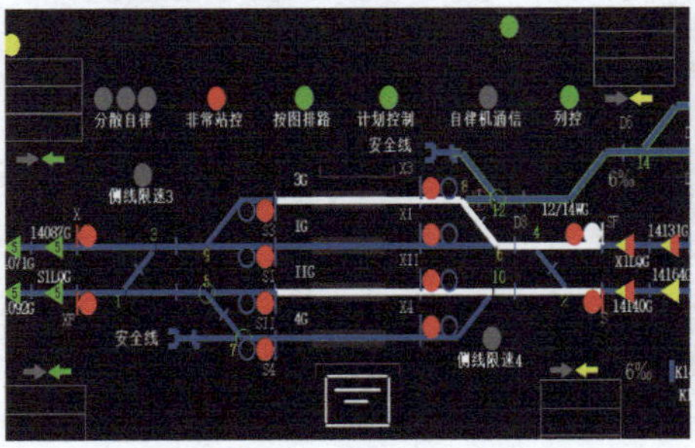

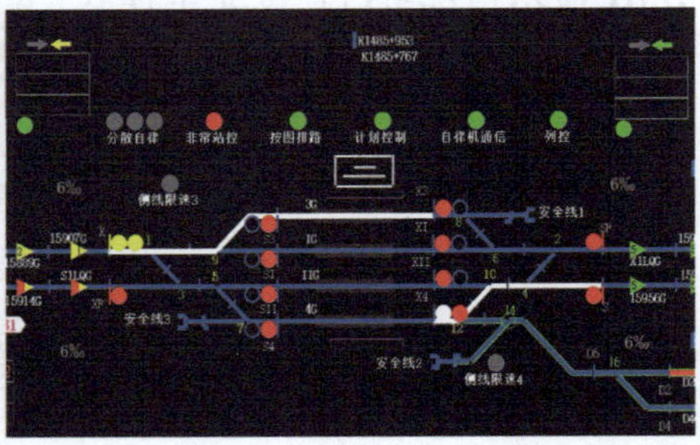

电务人员模拟故障：待动车组运行至 A 站 X 进站信号机处时，按行车指挥通知，模拟岔区 7DG 故障占用。

车载 DMI 显示情况：ATP 按完全监控模式运行至 A 站，当进站引导信号开放时，DMI 显示闪 HU 码，车载设备转入引导模式，同时删除原存储的线路描述信息。

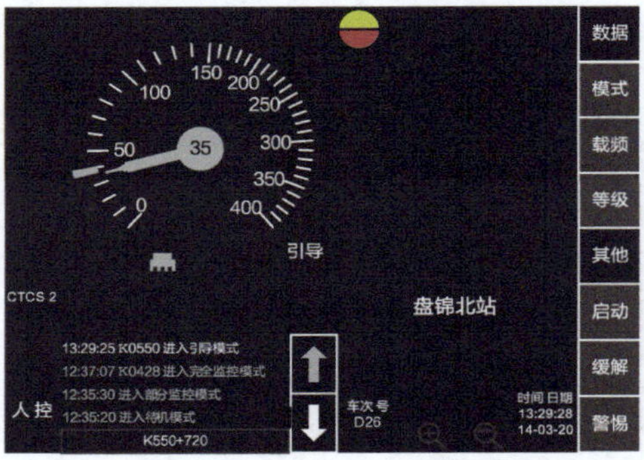

结果及评判标准：ATP 按完全监控模式运行至 A 站；X 进站引导信号开放后，DMI 显示 HB 码，SBI 速度小于 45 km/h，列车速度小于 45 km/h，车载设备转入引导模式，同时删除原存储的线路描述信息。

ATP 符合车载《CTCS-2 级列控车载设备技术条件》(TB/T 3529—2018)：

7.5.2.1　FS 模式下，接收到 HB 码，SBI 速度小于 45 km/h，列车速度小于 45 km/h，司机确认后，转入 CO 模式，同时删除原存储的线路描述信息。

注意事项：电务人员需听从行车人员指挥，待动车组运行至 A 站 X 进站信号机处时，模拟岔区 7DG 故障占用。

【测试场景 2-7】　目视行车模式(OS)转入引导模式(CO)

序号	等级	运营场景	测试场景	场景描述	选点要求
7	C2	模式转换	目视行车模式转入引导模式	B 站车站值班员暂不办理 B 站 S-S_3 引导接车进路。 1. 列车在 A 站以 C2 等级部分监控模式发车,运行至 B 站 S 进站信号机前停车,司机选择 C2 等级目视行车模式。 2. 行车指挥通知 B 站车站值班员办理 3G 引导接车进路,观察现象。	站内

预期结果:ATP 上电后司机选择 C2 等级目视行车模式;待 X 进站信号机引导信号开放后,DMI 显示 HB 码;车载设备转入引导模式。

调度台操作情况:根据联调联试指挥部发布日计划,调度员排列 A 站 S-S_3 引导接车进路。

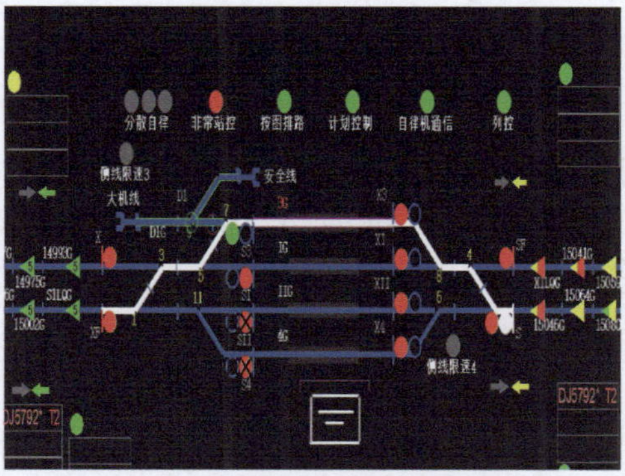

车载 DMI 显示情况:ATP 上电后列车以 C2 等级目视行车模式行车,当车载设备从轨道电路接收到 HB 码时,且列车当前速度小于 45 km/h,车载设备转入引导模式。

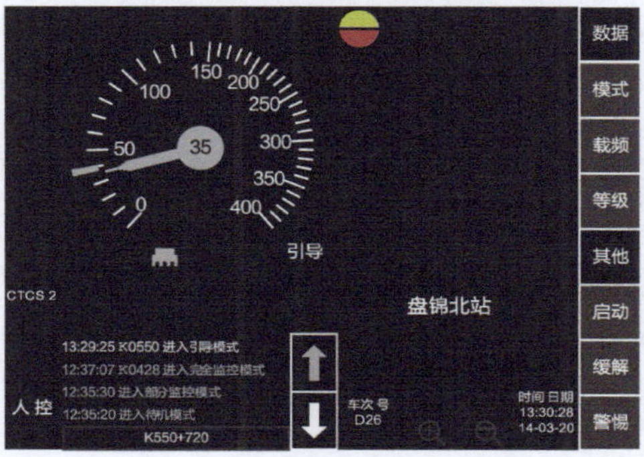

结果及评判标准:ATP 上电后司机选择 C2 等级目视行车模式;在目视行车模式下车载设备从轨道电路收到 HB 码,且当前速度不大于引导模式允许速度,车载设备转入引导模式。

ATP 符合车载《CTCS-2 级列控车载设备技术条件》(TB/T 3529—2018):

7.5.2.3　OS 模式下,接收到 HB 码,列车速度小于或等于 45 km/h,可转入 CO 模式。

注意事项:电务车载添乘人员提示司机按提示正常操作。

【测试场景 2-8】 目视行车模式(OS)下收到 HB 码且列车速度不大于 45 km/h 时可转到引导模式(CO)

序号	等级	运营场景	测试场景	场景描述	选点要求
8	C2	模式转换	目视行车模式下收到 HB 码且列车速度不大于45 km/h 时可转到引导模式	B 站车站值班员暂不办理 B 站 S-S_3 引导接车进路。 1. 列车在 A 站以 C2 等级部分监控模式发车,运行至 B 站 S 进站信号机前停车,司机选择 C2 等级目视行车模式。 2. 行车指挥通知 B 站车站值班员办理 3G 引导接车进路,观察现象。	站内

预期结果:ATP 上电后司机选择 C2 等级目视行车模式;待 X 进站信号机引导信号开放后,DMI 显示 HB 码;车载设备转入引导模式。

调度台操作情况:根据联调联试指挥部发布日计划,调度员排列 A 站 S-S_3 引导接车进路。

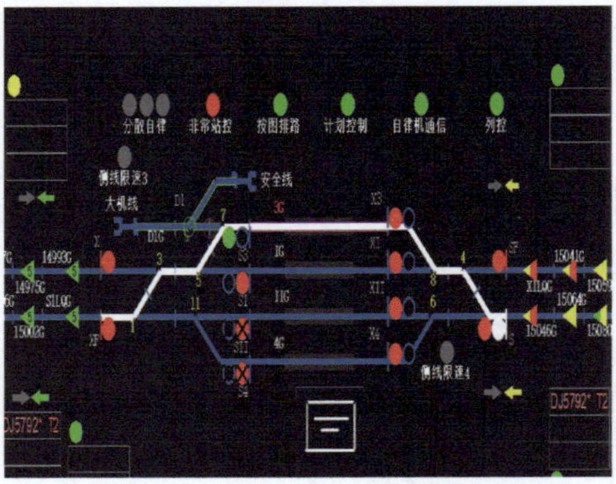

车载 DMI 显示情况:ATP 上电后列车以 C2 等级目视行车模式行车,当车载设备从轨道电路接收到 HB 码时,且列车当前速度小于 45 km/h,车载设备转入引导模式。

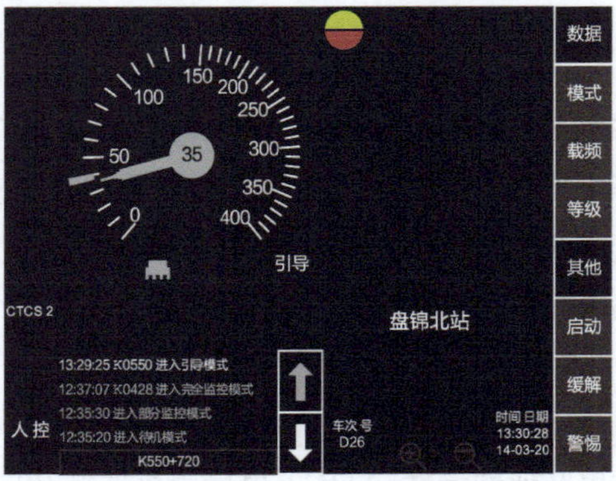

结果及评判标准:ATP 上电后司机选择 C2 等级目视行车模式,在目视行车模式接收到 HB 码,列车速度小于或等于 45 km/h,车载设备转入引导模式。

ATP 符合车载《CTCS-2 级列控车载设备技术条件》(TB/T 3529—2018):

7.5.2.3 OS 模式下,接收到 HB 码,列车速度小于或等于 45 km/h,可转入 CO 模式。

注意事项:电务车载添乘人员提示司机按提示正常操作。

【测试场景 2-9】　侧线发车时线路数据不足后由完全监控模式(FS)转入部分监控模式(PS)

序号	等级	运营场景	测试场景	场景描述	选点要求
9	C2	模式转换	侧线发车时线路数据不足后由完全监控模式转入部分监控模式	列车发车前,行车指挥通知 B 站车站配合试验的电务人员断开 S_4 出站信号机有源应答器与 LEU 之间的线缆。 1. 行车指挥通知 B 站车站值班员办理 S-S_4-X_F 通过进路。 2. 列车以 C2 等级部分监控模式在机外发车后贴线运行,过 S_4 信号机时观察现象。 3. 场景测试结束后恢复有源应答器与 LEU 之间的线缆。	站内

预期结果:列车以 C2 等级完全监控模式过 A 站 S_4 信号机处有源应答器组,动车组 ATP 提示信息(完全监控模式转部分监控模式)。

调度台操作情况:根据联调联试指挥部发布日计划,调度员排列 A 站 S-S_4-X_F 通过进路。

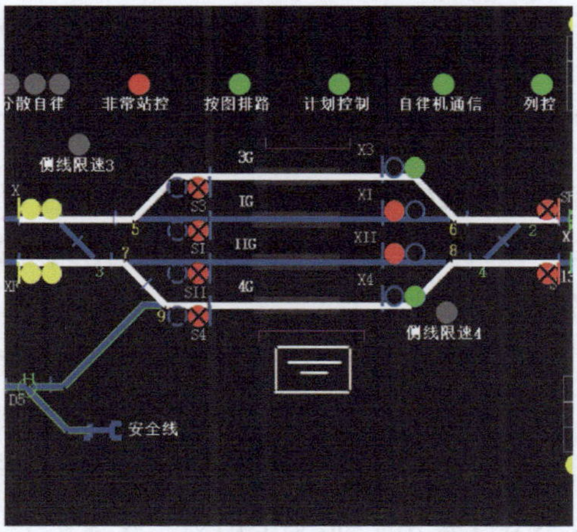

车载 DMI 显示情况:DMI 显示应答器信息缺失或收到默认报文。列车以 C2 等级完全监控模式侧线发车,经过 A 站 S_4 信号机处有源应答器组时;出站应答器信息丢失或收到默认报文,车载设备转入部分监控模式,动车组 ATP 提示信息。

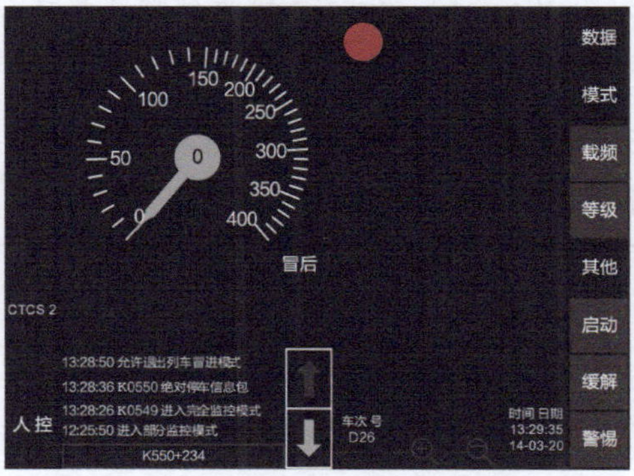

电务配合人员确认报文信息：接车上试验人员通知后，在分线盘读取报文确认报文计数器为 255。

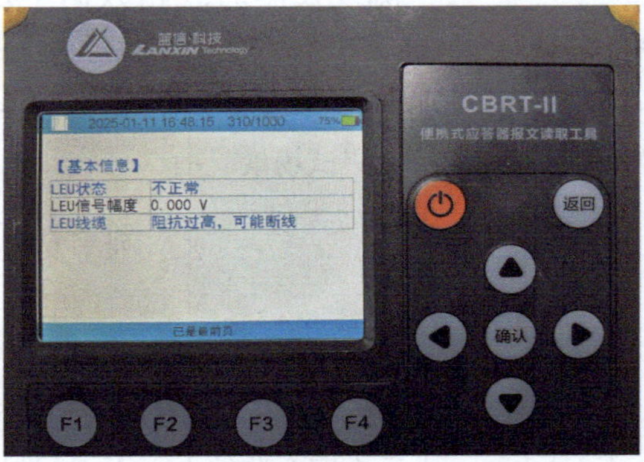

电务人员配合情况：A 站配合试验的电务人员断开 S_4 出站信号机有源应答器与 LEU 之间的线缆。

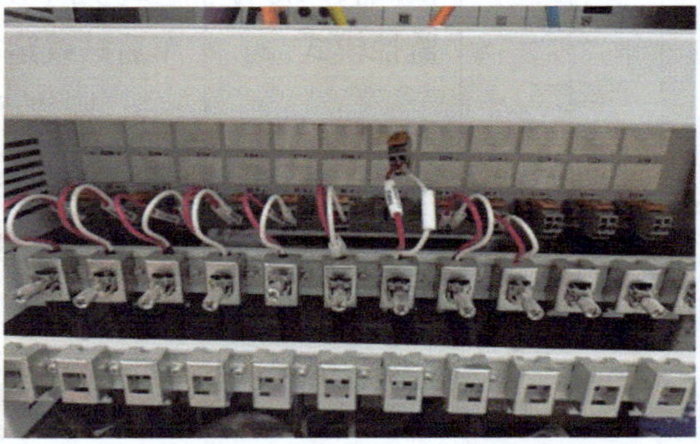

结果及评判标准：列车以 C2 等级完全监控模式过 A 站 S_4 信号机处有源应答器组时，动车组 ATP 提示信息，侧线发车时，出站应答器信息丢失或收到默认报文，车载设备转入部分监控模式。

ATP 符合车载《CTCS-2 级列控车载设备技术条件》(TB/T 3529—2018)：

7.3.2.2 FS 模式下，侧线通过时缺少侧线进路数据，转入 PS 模式。

7.3.2.4 FS 模式下，如果由于应答器丢失导致线路数据不足，当列车处于线路数据末端，SBI 速度小于 50 km/h，列车速度小于 50 km/h，转入 PS 模式。

7.3.2.5 FS 模式下，接收到默认报文，转入 PS 模式。

注意事项：电务配合人员需听从行车人员指挥，及时断开 S_4 出站信号机有源应答器与 LEU 之间的线缆。

【测试场景 2-10】　线路数据不足时由引导模式(CO)转入部分监控模式(PS)

序号	等级	运营场景	测试场景	场景描述	选点要求
10	C2	模式转换	线路数据不足时由引导模式转入部分监控模式	列车发车前,ATP 上电进入 C2 等级部分监控模式,行车指挥通知 B 站车站值班员办理 X_F-X_{II} 引导接车进路。 1. 列车在 B 站 X_F 信号机外发车,进入ⅡG后停车。 2. 通知 B 站车站值班员办理 X_{II}-S 发车进路,观察现象后列车发车继续试验。	站内

预期结果:ATP 上电后司机选择 C2 等级部分模式;待 X_F 进站信号机引导信号开放后,DMI 显示 HB 码;车载设备转入引导模式;待 X_{II} 信号机开放后,DMI 显示 L 码;车载设备转入部分监控模式。

调度台操作情况:

1. 根据联调联试指挥部发布日计划,调度员排列 A 站 X_F-X_{II} 引导接车进路。
2. 排列 B 站 X_{II}-S 发车进路。

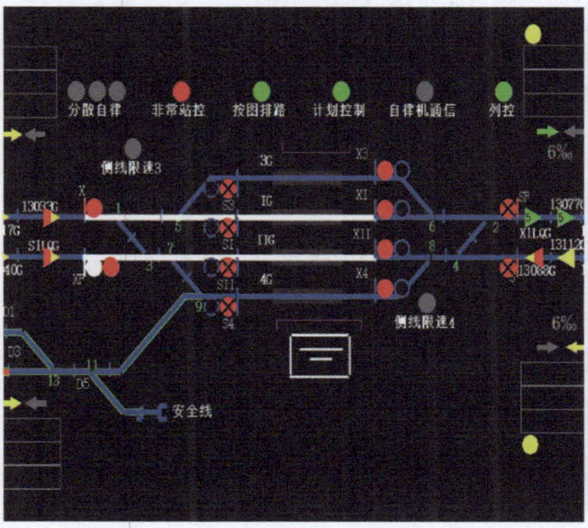

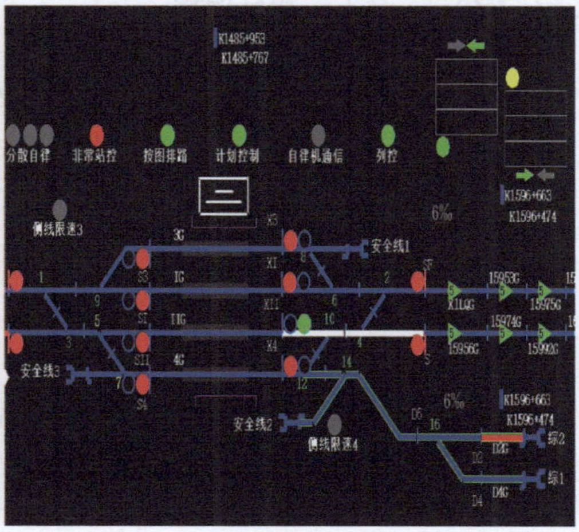

车载 DMI 显示情况：ATP 上电后司机选择 C2 等级部分监控模式；待 X_F 进站信号机引导信号开放后，DMI 显示 HB 码；车载设备转入引导模式；在引导模式下，X_{II} 信号机开放，车载设备从轨道电路接收到允许信息，且从应答器获得的线路数据不足时，则转入部分监控模式，此时 DMI 显示 L 码。

结果及评判标准：ATP 上电后司机选择 C2 等级部分监控模式；待 X_F 进站信号机引导信号开放后，DMI 显示 HB 码；车载设备转入引导模式；在引导模式下，车载设备从轨道电路接收到允许信息，转入部分监控模式。

ATP 符合车载《CTCS-2 级列控车载设备技术条件》(TB/T 3529—2018)：

7.5.2.2　PS 模式下，接收到 HB 码，列车速度小于 45 km/h，转入 CO 模式。

7.5.3.2　CO 模式下，接收到允许码，线路数据不满足完全监控条件，可转入 PS 模式。

注意事项：电务车载添乘人员提示司机按提示正常操作。

【测试场景 2-11】　线路数据不足时由目视行车模式（OS）转入部分监控模式（PS）

序号	等级	运营场景	测试场景	场景描述	选点要求
11	C2	模式转换	线路数据不足时由目视行车模式转入部分监控模式	列车发车前，ATP 上电进入 C2 等级部分监控模式，行车指挥通知 B 站车站值班员办理 X_F-X_4 引导接车进路。 1. 列车在 B 站 X_F 信号机外发车，进入 4G 后停车。 2. 司机选择 C2 等级目视行车模式，通知 B 站车站值班员办理 X_4-S 发车进路，观察现象后列车发车继续试验。	站内

预期结果：待 X_F 进站信号机引导信号开放后，DMI 显示 HB 码；车载设备转入引导模式；动车组进入 4G 后停车，司机选择 C2 等级目视行车模式；待 X_4 信号机开放后，DMI 显示 UU 码；车载设备转入部分监控模式。

调度台操作情况：根据联调联试指挥部发布日计划，调度员排列 A 站 X_F-X_4 引导接车进路；办理 B 站 X_4-S 发车进路。

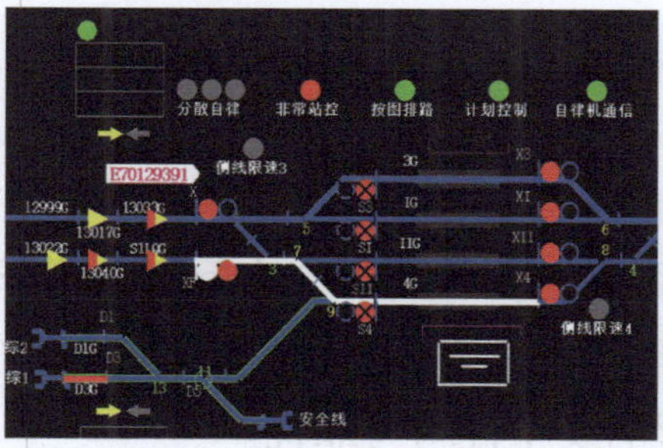

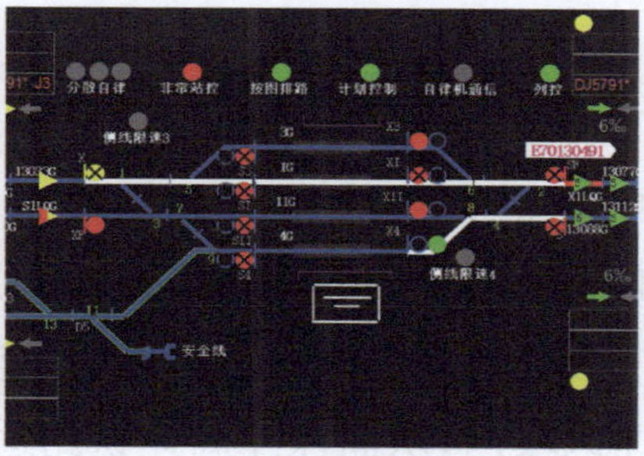

车载 DMI 显示情况：待 X_F 进站信号机引导信号开放后，DMI 显示 HB 码；车载设备转入引导模式；动车组进入 4G 后停车，司机选择 C2 等级目视行车模式；在目视行车模式下，车载设备从轨道电路接收到允许信息，且从应答器获得的线路数据不足时，DMI 显示 UU 码，转入部分监控模式。

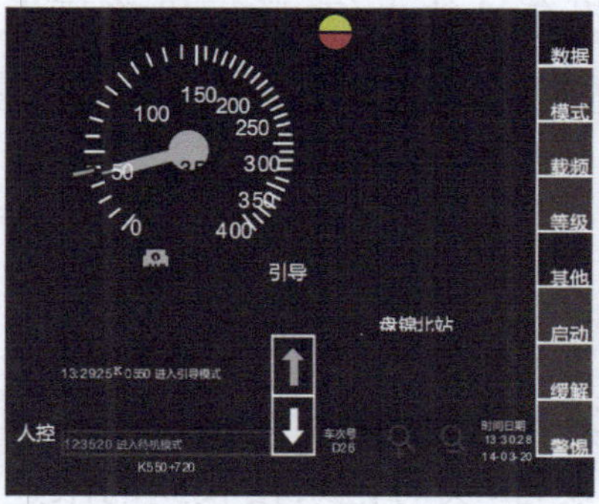

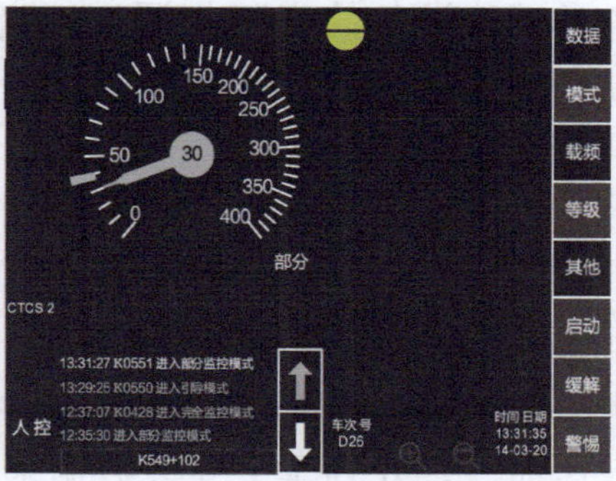

结果及评判标准：待 X_F 进站信号机引导信号开放后，车载 DMI 显示 HB 码，转入引导模式；动车组进入 4G 后停车，司机选择 C2 等级目视行车模式；在目视行车模式下，车载设备从轨道电路接收到允许信息，DMI 显示 L 码且从应答器获得的线路数据不足时，则转入部分监控模式。

ATP 符合车载《CTCS-2 级列控车载设备技术条件》(TB/T 3529—2018)：

7.6.3.2　OS 模式下，接收到允许码，线路数据不满足完全监控条件，转入 PS 模式。

7.5.1　车站开通引导接车进路时，接近区段轨道电路发 HB 码，车载设备按限制速度 40 km/h 监控列车运行。

注意事项：电务车载添乘人员提示司机按提示正常操作。

第三节 临时限速

一、试验目的

临时限速试验是高速铁路联调联试的重要组成部分，其核心目的在于全面验证临时限速系统的各项功能及性能是否满足设计要求与实际运营需求。确保列车在接收到地面临时限速命令后，能够准确、及时地做出响应，安全、平稳地运行在限速区段内，从而保障高速铁路运营的安全性与可靠性。

二、试验流程

（一）准备阶段

完成通信仿真设备、高精度时间同步设备、数据采集设备、速度传感器、感应装置等各类试验设备的安装与调试，确保设备性能良好、数据准确可靠。同时，模拟不同的运营场景，如施工、设备故障、恶劣天气等，为后续试验提供多样化的条件。

（二）实施阶段

1. 车—地通信功能测试

利用通信仿真设备模拟地面信号系统，向列车发送不同限速值和限速区段的临时限速命令。在列车上安装数据采集设备，实时记录接收到的限速信息，采用高精度的时间同步设备，分别在地面信号发送端和列车接收端记录命令发送和接收的时间戳，以此验证信息传输准确性与通信时效性。

2. 列车响应测试

在试验线路上设置不同的临时限速区段，列车以正常速度行驶进入限速区段。利用列车上的速度传感器和监控设备，实时监测列车速度变化，计算速度偏差，测试速度控制精度。同时，在试验线路上设置多个速度测试点，列车以不同初始速度行驶，接收到临时限速命令后启动制动，记录列车的制动距离和制动减速度，评估制动性能。

3. 地面设备可靠性测试

通过地面设备的操作界面输入临时限速信息，利用数据验证工具，对生成的临时限速命令进行准确性校验。人为制造主设备故障，观察备份设备的自动切换时间和切换过程中的数据完整性，在备份设备工作期间，继续进行临时限速命令的发送和接收测试。

(三)总结阶段

对试验过程中采集到的所有数据进行整理、分析与总结,对比各项测试结果与设计标准,评估临时限速系统的性能与功能,形成详细的试验报告。

三、试验标准

1. 信息传输准确性

列车接收的限速信息与地面设置的限速值和限速区段误差必须控制在允许范围内,确保无错误信息传输。

2. 通信时效性

临时限速命令从地面发送到列车接收的时间间隔应满足设计规定的时间要求,以保障紧急情况下列车能够及时响应。

3. 速度控制精度

列车实际运行速度与设定限速值的偏差不得超过规定的速度容差,保证列车在限速区段内平稳运行。

4. 制动性能

列车的制动距离和制动减速度应符合设计标准,确保列车能够在规定距离内安全减速至限速值。

5. 地面设备可靠性

地面设备生成的临时限速命令关键信息必须准确无误,备份设备在主设备故障时的自动切换时间应满足要求,且切换过程中数据完整,保障临时限速命令的持续稳定发送。

总之,通过区间及站内正线临时限速按线路正向闭塞分区设置,限速值按八档(45 km/h、60 km/h、80 km/h、100 km/h、120 km/h、160 km/h、200 km/h、250 km/h)设置,最长限速区长度为 TSRS(临时限速服务器,下同)对应的调度台管界范围;侧线临时限速以上、下行侧线分别(不含正线)按区设置,临时限速值按两档(45 km/h、80 km/h)设置验证,确保临时限速服务器的可靠性。

【测试场景 3-1】 车载设备接受并处理单个临时限速

<table>
<tr><th>序号</th><th>等级</th><th>运营场景</th><th>测试场景</th><th>场景描述</th><th>选点要求</th></tr>
<tr><td>1</td><td>C2</td><td>临时限速</td><td>车载设备接受并处理单个临时限速</td><td>列车发车前，由行车指挥通知调度台配合试验的电务人员设置以下临时限速：
1. 区间中继站下达临时限速。
2. 侧线接车/侧线发车/侧线通过时侧线股道临时限速(45 km/h)。
3. 侧线发车时发车进路临时限速(45 km/h)。
4. 列车压入临时限速区段后，取消临时限速。
5. 同一区间多处临时限速。
6. 跨有源应答器下达临时限速。
7. 侧向接车时进站信号机外方第一个闭塞分区临时限速(60 km/h)。
8. 跨特殊位置限速(等级转换点、调度台边界、TCC 边界、长短链、不同坐标系、TSRS 边界、列控中心临时限速管辖边界等)。
9. 侧线发车时 1LQ 设置限速(45 km/h)。
10. 正线弯进直出通过时 1LQ 设置限速(45 km/h)。</td><td>站内</td></tr>
<tr><td colspan="6">预期结果：动车组正常运行，通过以下限速区段时，DMI 显示限速曲线及速度值 200 km/h。</td></tr>
<tr><td colspan="6">调度台操作情况：对应第 1 项和第 5 项设置相应临时限速，试验动车通过后取消。</td></tr>
<tr><td colspan="6">车载 DMI 显示情况：通过限速区段时，DMI 显示限速曲线及速度值。
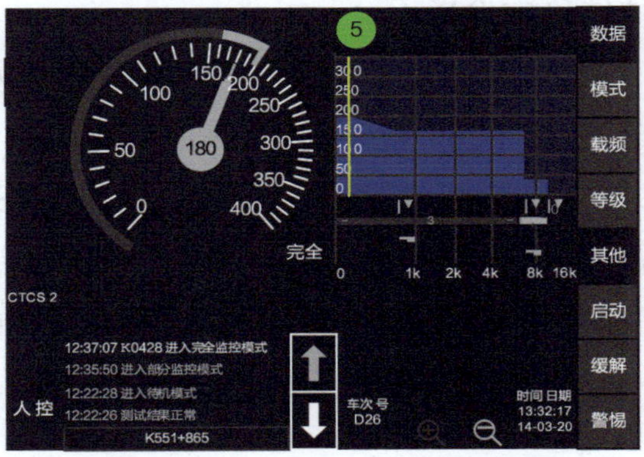
</td></tr>
<tr><td colspan="6">结果及评判标准：ATP 符合车载《CTCS-2 级列控车载设备技术条件》(TB/T 3529—2018)。</td></tr>
<tr><td colspan="6">注意事项：电务车载添乘人员提示司机按提示正常操作。</td></tr>
</table>

【测试场景 3-2】　车载设备接受并处理多个临时限速

序号	等级	运营场景	测试场景	场景描述	选点要求
2	C2	临时限速	车载设备接受并处理多个临时限速	列车发车前，由行车指挥通知调度台配合试验的电务人员设置以下临时限速： 1. 区间中继站下达临时限速。 2. 侧线接车/侧线发车/侧线通过时侧线股道临时限速(45 km/h)。 3. 侧线发车时发车进路临时限速(45 km/h)。 4. 列车压入临时限速区段后，取消临时限速。 5. 同一区间多处临时限速。 6. 跨有源应答器下达临时限速。 7. 侧向接车时进站信号机外方第一个闭塞分区临时限速(60 km/h)。 8. 跨特殊位置限速(等级转换点、调度台边界、TCC 边界、长短链、不同坐标系、TSRS 边界、列控中心临时限速管辖边界等)。 9. 侧线发车时 1LQ 设置限速(45 km/h)。 10. 正线弯进直出通过时 1LQ 设置限速(45 km/h)。	站内

预期结果：动车组正常运行，通过以下限速区段时，DMI 显示限速曲线及速度值。

调度台操作情况：对应第 1 项和第 5 项设置相应临时限速，序列 1 试验动车通过后取消。

车载 DMI 显示情况：通过限速区段时，DMI 显示限速曲线及速度值。

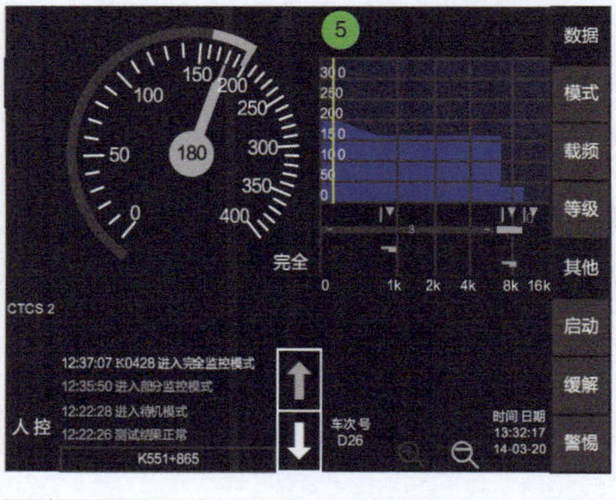

结果及评判标准：ATP 符合车载《CTCS-2 级列控车载设备技术条件》(TB/T 3529—2018)。

注意事项：电务车载添乘人员提示司机按提示正常操作。

【测试场景 3-3】 监控临时限速

<table>
<tr><th>序号</th><th>等级</th><th>运营场景</th><th>测试场景</th><th>场景描述</th><th>选点要求</th></tr>
<tr><td>3</td><td>C2</td><td>临时限速</td><td>监控临时限速</td><td>列车发车前，由行车指挥通知调度台配合试验的电务人员设置以下临时限速：
1. 区间中继站下达临时限速。
2. 侧线接车/侧线发车/侧线通过时侧线股道临时限速(45 km/h)。
3. 侧线发车时发车进路临时限速(45 km/h)。
4. 列车压入临时限速区段后，取消临时限速。
5. 同一区间多处临时限速。
6. 跨有源应答器下达临时限速。
7. 侧向接车时进站信号机外方第一个闭塞分区临时限速(60 km/h)。
8. 跨特殊位置限速(等级转换点、调度台边界、TCC 边界、长短链、不同坐标系、TSRS 边界、列控中心临时限速管辖边界等)。
9. 侧线发车时 1LQ 设置限速(45 km/h)。
10. 正线弯进直出通过时 1LQ 设置限速(45km/h)。</td><td>站内</td></tr>
<tr><td colspan="6">预期结果：动车组正常运行，通过以下限速区段时，DMI 显示限速曲线及速度值。</td></tr>
<tr><td colspan="6">调度台操作情况：第 1 项和第 5 项设置相应临时限速，序列 1 试验动车通过后取消。</td></tr>
<tr><td colspan="3">车载 DMI 显示情况：DMI 显示限速曲线及速度值。</td><td colspan="3">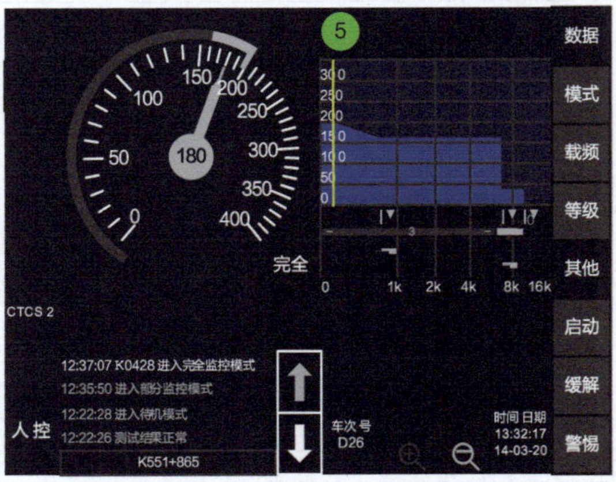</td></tr>
<tr><td colspan="6">结果及评判标准：ATP 符合车载《CTCS-2 级列控车载设备技术条件》(TB/T 3529—2018)。</td></tr>
<tr><td colspan="6">注意事项：电务车载添乘人员提示司机按提示正常操作。</td></tr>
</table>

第四节　引 导 作 业

一、试验目的

引导接车是在信号设备故障、进路失去表示等非正常情况下，保障列车安全接入车站的关键作业方式。引导接车试验旨在全面检验信号系统在引导接车场景下的功能完整性、可靠性以及与其他相关系统的协同配合能力。通过模拟各类可能导致引导接车的异常工况，验证信号系统能否准确、及时地向列车提供引导信息，确保列车在引导模式下能够安全、平稳地驶向指定站台，为高速铁路在复杂情况下的安全运营提供坚实保障。

二、试验内容

1. 引导信号显示测试

模拟信号机故障、轨道电路故障等导致正常接车信号无法显示的情况，检查信号系统是否能够正确开放引导信号。确认引导信号的灯光颜色、显示方式、持续时间等是否符合设计规范和相关标准要求，同时观察引导信号在不同天气条件（如晴天、雨天、大雾等）下的可视性，确保列车司机能够清晰准确地识别引导信号。

2. 进路排列与锁闭测试

在引导接车过程中，信号系统需为列车排列并锁闭安全的接车进路。测试信号系统在非正常情况下，能否根据列车运行计划和车站实际情况，快速、准确地排列出正确的引导接车进路，并确保进路中的道岔位置正确、锁闭可靠。同时，验证进路锁闭的逻辑正确性，防止在引导接车过程中出现进路错误解锁或道岔错误转换等安全隐患。

3. 列车位置追踪与信息传输测试

利用信号系统的列车追踪功能，实时监测引导接车过程中列车的位置信息。检查信号系统能否将列车的实时位置准确地传输给车站值班人员和列车控制系统，确保各方能够及时掌握列车动态。同时，测试在列车按照引导信号运行过程中，信号系统与列车之间的通信稳定性和信息传输的准确性，保证列车能够正确接收引导指令并做出相应的运行调整。

4. 与其他系统的协同测试

引导接车涉及多个系统的协同工作，如信号系统与联锁系统、通信系统、调度系统等。测试信号系统与这些系统之间的接口兼容性和协同配合能力，确保在引导接车过程中，各系统能够及时、准确地交换信息，共同完成引导接车任务。例如，检查信号系统与联锁系统的联动关系，确保联锁条件满足时引导信号才能正常开放；验证信号系统与通信系统的配合，保证引导信息能够通过通信系统准确无误地传达给列车司机和相关工作人员。

三、试验流程

1. 准备阶段

对信号系统设备进行全面检查和调试，确保设备处于良好的工作状态。准备好用于模拟故障的设备和工具，如信号机故障模拟器、轨道电路故障发生器等。在试验线路上设置好相关的测试设备，如列车定位仪、数据采集器等，用于记录试验过程中的各种数据。制定详细的试验方案，明确试验步骤、人员分工、安全注意事项等内容。

2. 实施阶段

按照试验方案，首先模拟信号设备故障或进路异常情况，触发引导接车程序。观察信号系统的响应情况，检查引导信号是否正确开放，进路是否顺利排列并锁闭。在列车按照引导信号运行的过程中，实时监测列车的位置、速度等参数，以及信号系统与其他系统之间的信息交互情况。记录试验过程中出现的任何异常现象和问题，及时进行分析和处理。

3. 总结阶段

对试验过程中采集到的数据进行整理和分析，评估信号系统在引导接车试验中的性能表现。对比试验结果与设计标准和规范要求，判断信号系统是否满足引导接车的功能需求。编写详细的试验报告，总结试验过程、结果和存在的问题，提出针对性的改进建议和措施，为信号系统的优化和高速铁路的安全运营提供参考依据。

四、试验标准

引导信号显示准确性：引导信号的显示应符合相关标准和设计要求，准确率达到 100%，不得出现错误显示或显示不清晰的情况。在各种恶劣天气条件下，引导信号的可视距离应满足列车安全运行的要求。

【测试场景 4-1】引导模式(CO)下收到 HB 码后生成顶棚为 40 km/h 的固定模式曲线

序号	等级	运营场景	测试场景	场景描述	选点要求
1	C2	引导作业	引导模式下收到 HB 码后生成顶棚为 40 km/h 的固定模式曲线	1. 列车在 A 站发车前，暂不办理 B 站 3G 通过进路(引导接、正常发)。 2. 列车以 C2 等级完全监控模式运行至 B 站接近区段，由行车指挥通知 B 站车站值班员办理 3G 通过进路(引导接、正常发)，观察现象。	站内

预期结果：列车以 C2 等级完全监控模式运行至 A 站接近区段，行车指挥通知办理 A 站 S-S_3-X_F 通过进路(引导接、正常发)；动车组以引导模式进站，DMI 显示 HB 码，车载设备生成顶棚为 40 km/h 的固定模式曲线；S_3 信号机开放后，DMI 显示 UU 码，转部分监控模式。

调度台操作情况：根据联调联试指挥部发布日计划，当列车以 C2 等级完全监控模式运行至 A 站接近区段时，行指挥通知调度员排列 A 站 S-S_3-X_F 通过进路(引导接、正常发)。

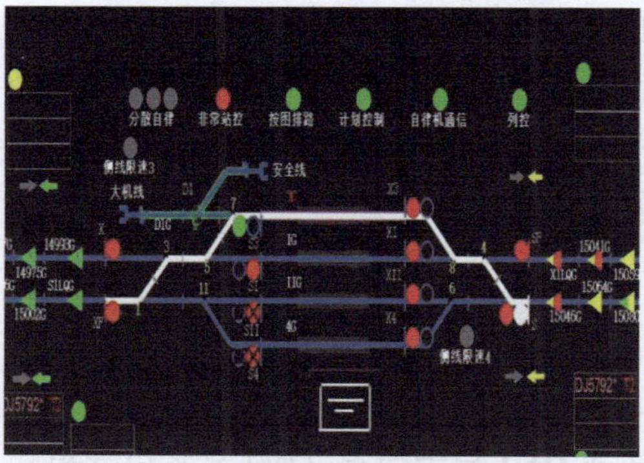

车载 DMI 显示情况：动车组以引导模式进站，DMI 显示 HB 码，车载设备生成顶棚为 40 km/h 的固定模式曲线；S_3 信号机开放后，DMI 显示 UU 码，转部分监控模式。

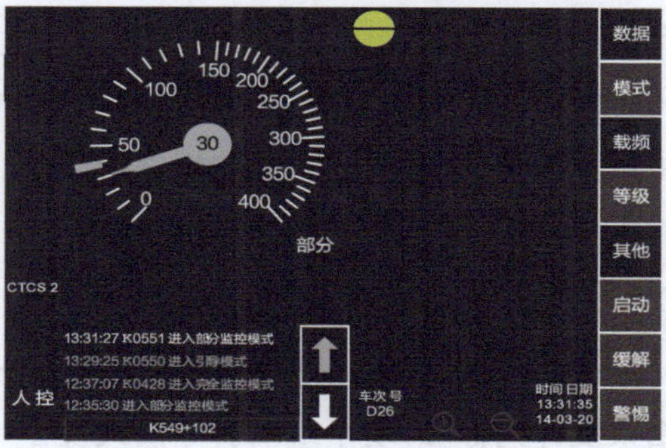

结果及评判标准：动车组以引导模式进站，DMI 显示 HB 码，车载设备生成顶棚为 40 km/h的固定模式曲线；S_3 信号机开放后，DMI 显示 L 码，转部分监控模式。

ATP 符合车载《CTCS-2 级列控车载设备技术条件》(TB/T 3529—2018)：

7.5.4.2　CO 模式下，接收到 HB 码时，生成顶棚为 40 km/h 的固定模式曲线。

注意事项：电务车载添乘人员提示司机按提示正常操作。

【测试场景 4-2】 引导模式(CO)下生成顶棚为 40 km/h 的目标距离模式曲线

序号	等级	运营场景	测试场景	场景描述	选点要求
2	C2	引导作业	引导模式下生成模式曲线	1. 列车在 A 站发车前,暂不办理 B 站 3G 通过进路(正常接、引导发)。 2. 列车以 C2 等级完全监控模式运行至 B 站接近区段,由行车指挥通知 B 站车站值班员办理 3G 通过进路(正常接、引导发),观察现象。	站内

预期结果:动车组以引导模式发车,收到 HU 码或无码,车载设备 DMI 生成至前方第一架信号机处停车且顶棚为 40 km/h 的目标距离模式曲线。

调度台操作情况:根据联调联试指挥部发布日计划,当列车以 C2 等级完全监控模式运行至 A 站接近区段,行车指挥通知调度员排列 A 站 X-X_3-S_F 通过进路(正常接、引导发)。

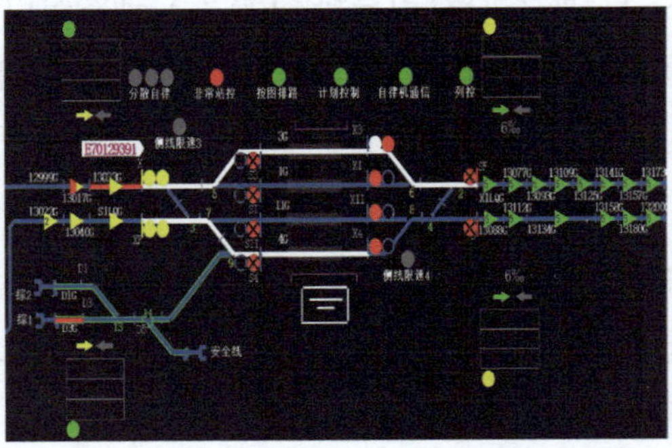

车载 DMI 显示情况:DMI 显示引导模式且允许速度为 40 km/h 时,收到 HU 码或无码,且具有【CTCS-1】包数据,车载设备 DMI 生成至前方第一架信号机处停车且顶棚为 40 km/h 的目标距离模式曲线。

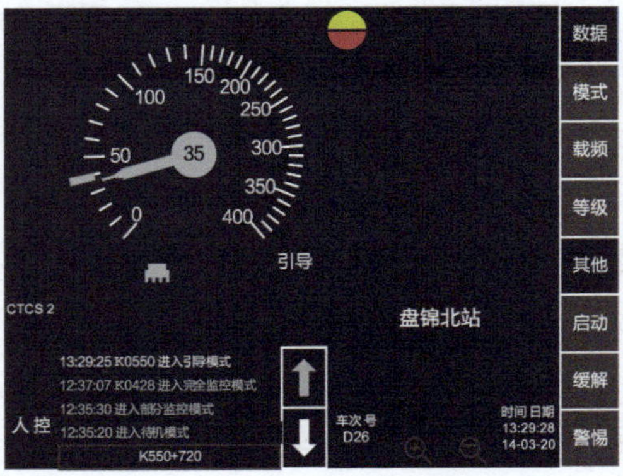

结果及评判标准:动车组以引导模式发车,收到 HU 码或无码,车载设备 DMI 生成至前方第一架信号机处停车且顶棚为 40 km/h 的目标距离模式曲线。

ATP 符合车载《CTCS-2 级列控车载设备技术条件》(TB/T 3529—2018):

7.5.4.2 CO 模式下,接收到 HB 码时,生成顶棚为 40 km/h 的固定模式曲线。

注意事项:电务车载添乘人员提示司机按提示正常操作。

【测试场景 4-3】　引导模式(CO)使用【CTCS-1】包自动锁频

序号	等级	运营场景	测试场景	场景描述	选点要求
3	C2	引导作业	引导模式使用【CTCS-1】包自动锁频	1. 列车在 A 站发车前,暂不办理 B 站 3G 通过进路(引导接、引导发)。 2. 列车以 C2 等级完全监控模式运行至 B 站接近区段,由行车指挥通知 B 站车站值班员办理 3G 通过进路(引导接、引导发),观察现象。	站内

预期结果:动车组以引导模式接、发车,收到 HU 码或无码,车载设备 DMI 生成至前方第一架信号机处停车且顶棚为 40 km/h 的目标距离模式曲线。

调度台操作情况:根据联调联试指挥部发布日计划,当列车以 C2 等级完全监控模式运行至 A 站接近区段,行车指挥通知办理 A 站 $X\text{-}X_3\text{-}S_F$ 通过进(引导接、引导发)。

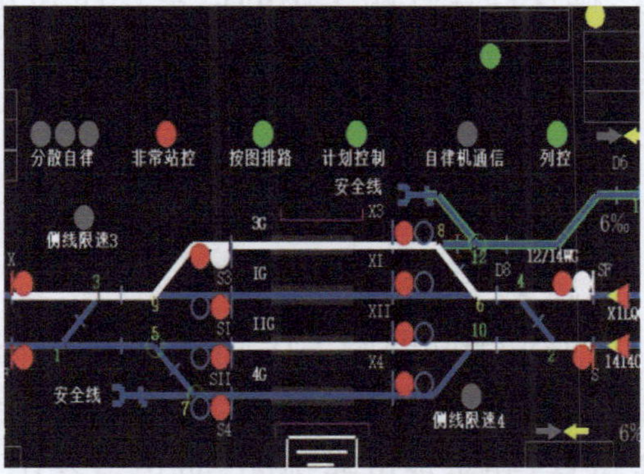

车载 DMI 显示情况:DMI 正确显示轨道电路码,在引导模式下且收到了【CTCS-1】包,车载设备使用【CTCS-1】包中信息实现自动锁频。

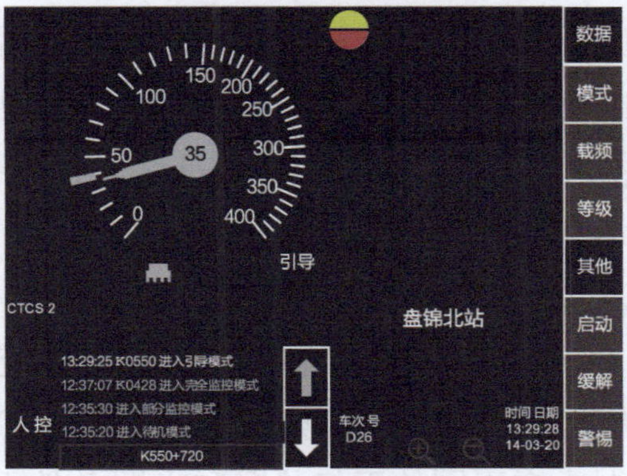

结果及评判标准:动车组以引导模式接、发车,收到 HU 码或无码,车载设备 DMI 生成至前方第一架信号机处停车且顶棚为 40 km/h 的目标距离模式曲线。DMI 正确显示轨道电路码,在引导模式下收到了【CTCS-1】包,车载设备使用【CTCS-1】包中信息实现自动锁频。

ATP 符合车载《CTCS-2 级列控车载设备技术条件》(TB/T 3529—2018):

7.5.1　车站开通引导接车进路时,接近区段轨道电路发 HB 码,车载设备按限制速度 40 km/h 监控列车运行

7.5.4.2　CO 模式下,接收到 HB 码时,生成顶棚为 40 km/h 的固定模式曲线。

注意事项:电务车载添乘人员提示司机按提示正常操作。

第五节　调 车 作 业

一、试验目的

调车作业是铁路运输中站内车辆移动、编组等作业的重要环节。调车作业试验旨在全面评估信号系统在调车场景下的功能有效性、安全性以及与其他系统的协作能力。通过模拟各种调车作业场景，验证信号系统能否准确控制调车进路、提供可靠的信号显示，保障调车作业高效、安全地进行，避免调车冲突和事故，确保高速铁路车站的运营秩序和安全。其中，动车组车载 ATP 在预防调车危险方面起着关键作用，本试验也将着重检验其相关功能。

二、试验内容

1. 调车进路控制测试

模拟不同的调车作业计划，如车辆转线、编组、摘挂等，测试信号系统能否依据作业需求正确排列调车进路。检查进路中的道岔能否迅速、准确地转换至规定位置，并实现可靠锁闭，防止道岔中途转换引发安全事故。同时，验证进路解锁的逻辑正确性，确保调车作业完成后，进路能及时、安全解锁。此外，检验动车组车载 ATP 是否能与地面信号系统协同，实时监测调车进路状态，当检测到进路异常（如道岔错误表示、进路未正确锁闭等）时，及时触发防护措施，如紧急制动，避免列车进入危险进路。

2. 调车信号显示测试

在调车作业过程中，检查信号系统给出的调车信号显示是否清晰、准确。确认调车信号的灯光颜色、显示方式、显示时机等是否符合相关标准和设计要求。例如，在不同的天气状况和光照条件下，观察调车信号的可视性，保证调车司机能清晰识别信号，做出正确操作。同时，测试动车组车载 ATP 对调车信号的接收和解析能力，当接收到错误信号或信号丢失时，能否及时采取相应的安全措施，如限制列车速度或停车，防止因信号错误导致调车危险。

3. 调车速度监控测试

利用信号系统的速度监测与控制功能，测试其对调车作业速度的监控能力。检查信号系统是否能实时监测调车车辆的速度，并在车辆超速时及时发出报警信号，甚至采取制动措施，确保调车作业在规定的速度范围内安全进行。动车组车载ATP同样具备独立的速度监控功能，试验中需验证其在调车模式下对速度限制的准确性和可靠性，当实际速度超过预设的调车限速值时，车载ATP能否迅速动作，实施有效制动，避免因超速引发碰撞、脱轨等调车危险。

4. 与其他系统的协同测试

调车作业涉及多个系统协同，如信号系统与车站联锁系统、车辆管理系统、调度指挥系统等。测试信号系统与这些系统之间的信息交互是否顺畅、准确。例如，验证信号系统能否及时接收调度指挥系统下达的调车作业计划，并将调车进路、信号状态等信息反馈给相关系统，实现各系统间的紧密配合。在此过程中，重点关注动车组车载ATP与其他系统的信息交互，确认其能否准确接收来自地面系统的调车作业指令和安全防护信息，同时将列车的运行状态、车载ATP的工作状态等信息反馈给地面系统，以便各系统协同保障调车作业安全。

三、试验流程

1. 准备阶段

对信号系统设备进行全面检测和调试，保证设备性能稳定。准备好模拟调车作业场景的工具和设备，如模拟车辆、道岔操作模拟器等。在试验车站布置好各类测试仪器，如速度传感器、信号监测仪等，用于记录试验数据。同时，对动车组车载ATP设备进行专项检查和校准，确保其功能正常。制定详细的试验方案，明确试验步骤、人员职责以及安全注意事项，特别针对车载ATP相关测试制定详细操作流程。

2. 实施阶段

按照试验方案，依次模拟不同类型的调车作业。在作业过程中，密切观察信号系统的各项表现，包括进路排列、信号显示、速度监控以及与其他系统的交互情况。实时采集和记录相关数据，如道岔转换时间、信号显示时间、车辆运行速度等。对于试验中出现的异常情况，及时记录并分析处理，重点关注动车组车载ATP在应对调车危险时的响应情况，如触发紧急制动的时机、制动效果等。

3. 总结阶段

对试验数据进行整理和深入分析，评估信号系统在调车作业中的性能表现。将试验结果与设计标准和规范进行对比，判断信号系统是否满足调车作业的要求。特别针对动车组车载ATP预防调车危险的功能进行评估，分析其在进路监控、信号识别、速度控制以及系统协同等方面的表现。撰写详细的试验报告，总结试验过程、结果以及存在的问题，提出针对性的改进建议，为信号系统的优化和高速铁路的安全运营提供参考。

四、试验标准

1. 进路控制准确性

信号系统排列调车进路的准确率需达到 100%，道岔转换时间应符合规定要求，进路锁闭和解锁的错误率为 0，确保调车进路安全可靠。动车组车载 ATP 对进路异常的检测准确率应达到 100%，在检测到进路危险时，触发紧急制动的响应时间不超过规定值，制动距离符合设计要求，避免列车进入危险进路。

2. 信号显示可靠性

调车信号显示必须准确无误，显示错误率为 0。在各种环境条件下，调车信号的可视距离应不低于规定值，保证调车司机能及时获取信号信息。动车组车载 ATP 对调车信号的正确接收率应达到 100%，当信号异常时，采取安全措施的成功率为 100%，防止因信号问题导致调车危险。

【测试场景 5-1】　调车模式(SH)下监督“调车危险”应答器

序号	等级	运营场景	测试场景	场景描述	选点要求
1	C2	调车作业	调车模式下监督“调车危险”应答器	B 站车站值班员办理 X-X_3 接车进路。 1. 列车以 C2 等级完全监控模式进入 B 站 3G 停车后，暂不办理发车进路。 2. 司机选择调车模式继续运行，越过 X_3 信号机处应答器组观察现象。	站内

预期结果：列车以 C2 等级完全监控模式进入 A 站 3G 停车后，司机选择 C2 等级调车模式继续运行，越过 X_3 信号机处应答器组观察现象。

调度台操作情况：根据联调联试指挥部发布日计划，行车指挥通知调度员排列 A 站 X-X_3 接车进路。

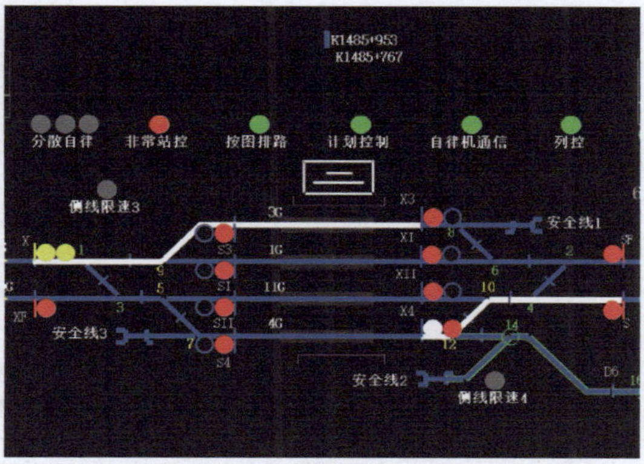

车载 DMI 显示情况：在调车模式下，车载设备通过了一个包含信息包【132】(调车危险信息，其中 Q_ASPECT=0)的应答器组，并且该信息包方向与运行方向一致，车载设备输出紧急制动。

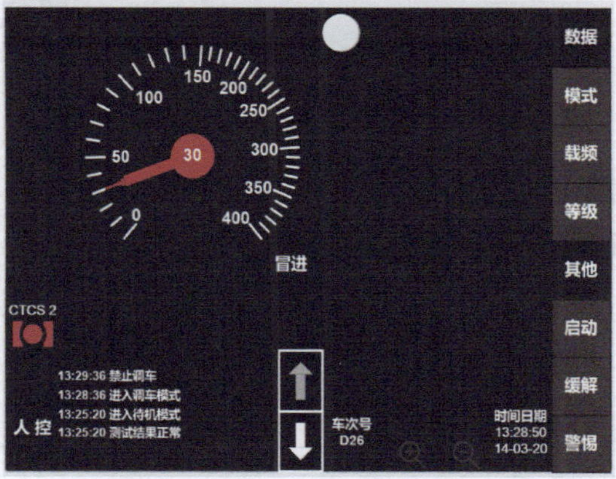

结果及评判标准：列车以 C2 等级完全监控模式进入 A 站 3G 停车后，司机选择 C2 等级调车模式继续运行，在调车模式下，车载设备通过了一个包含信息包【132】(调车危险信息，其中 Q_ASPECT=0)的应答器组，车载设备输出紧急制动。

ATP 符合车载《CTCS-2 级列控车载设备技术条件》(TB/T 3529—2018)。

注意事项：电务车载添乘人员提示司机按提示正常操作。

【测试场景 5-2】 调车模式(SH)下收到调车危险信息后输出紧急制动

<table>
<tr><th>序号</th><th>等级</th><th>运营场景</th><th>测试场景</th><th>场景描述</th><th>选点要求</th></tr>
<tr><td>2</td><td>C2</td><td>调车作业</td><td>调车模式下收到调车危险信息后输出紧急制动</td><td>B 站车站值班员办理 X-X_3 接车进路。
1. 列车以 C2 等级完全监控模式进入 B 站 3G 停车后，暂不办理发车进路。
2. 司机选择调车模式继续运行，越过 X_3 信号机处应答器组观察现象。</td><td>站内</td></tr>
<tr><td colspan="6">预期结果：列车以 C2 等级完全监控模式进入 A 站 3G 停车后，司机选择 C2 等级调车模式继续运行，越过 X_3 信号机处应答器组观察现象。</td></tr>
<tr><td colspan="3">调度台操作情况：根据联调联试指挥部发布日计划，调度员排列 A 站 X-X_3 接车进路。</td><td colspan="3">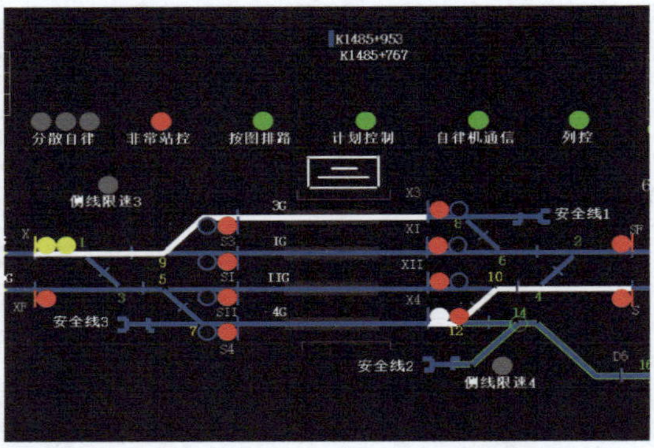</td></tr>
<tr><td colspan="3">车载 DMI 显示情况：在调车模式下，接收到调车危险信息。</td><td colspan="3">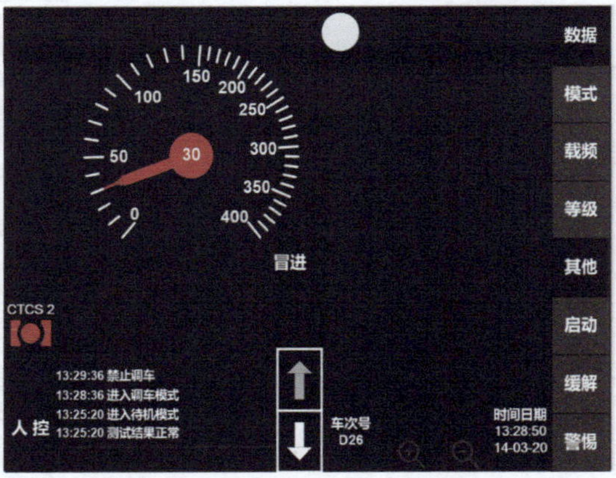</td></tr>
<tr><td colspan="6">结果及评判标准：列车以 C2 等级完全监控模式进入 A 站 3G 停车后，司机选择 C2 等级调车模式继续运行，在调车模式接收到调车危险信息后，车载设备输出紧急制动。
ATP 符合车载《CTCS-2 级列控车载设备技术条件》(TB/T 3529—2018)：
7.7.4.2　调车模式下，如果接收到调车危险信息，车载设备输出紧急制动。</td></tr>
<tr><td colspan="6">注意事项：电务车载添乘人员提示司机按提示正常操作。</td></tr>
</table>

【测试场景 5-3】 调车(SH)/隔离(IS)模式下链接信息的处理

序号	等级	运营场景	测试场景	场景描述	选点要求
3	C2	调车作业	调车/隔离模式下链接信息的处理	A 站车站值班员办理 S_3-X 发车进路。 列车以 C2 等级调车模式在 A 站发车,观察现象。	站内

预期结果:动车组以 C2 等级调车模式在 A 站发车时 ATP 显示正常;车过 A 站 X 信号机处应答器组紧急制动停车后,列车以 C2 等级部分监控模式运行至 X 信号机外停车。

调度台操作情况:根据联调联试指挥部发布日计划,调度员办理 A 站 S_3-X 发车进路,进路信息正常。

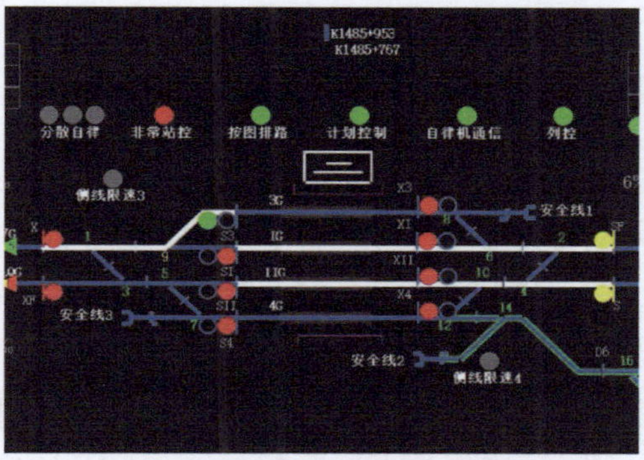

车载 DMI 显示情况:车载 DMI 显示正常,无异常报警信息,动车组司机按流程正常操控动车组。

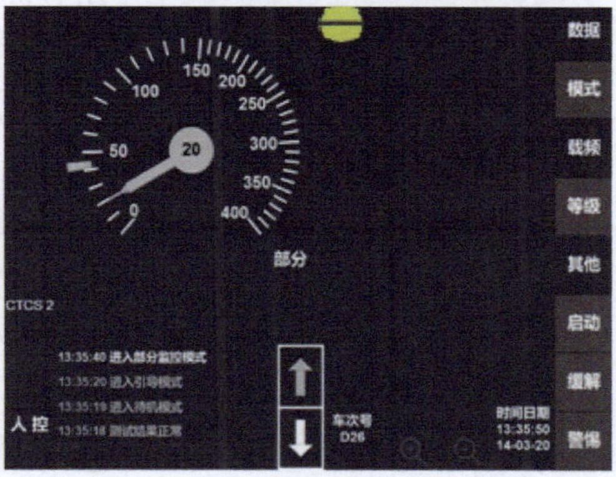

结果及评判标准:动车组以 C2 等级调车模式在 A 站发车时 ATP 显示正常;接收到应答器链接信息,车载设备不处理链接信息。车过 A 站 X 信号机处应答器组紧急制动停车后,列车以 C2 等级部分监控模式运行。

ATP 符合车载《CTCS-2 级列控车载设备技术条件》(TB/T 3529—2018)。

注意事项:电务车载添乘人员提示司机按提示正常操作。模式转出条件:收到绝对停车信息,紧急制动停车后按压“缓解”键转入待机模式。驾驶台关闭,转入待机模式。停车按“调车”键,转入待机模式。收到调车危险信息,紧急制动停车后按压“缓解”键,转入待机模式。隔离开关打到“隔离”位,转入隔离模式。

第六节　故 障 处 理

故障处理是指在列控信号系统功能试验时，在不同场景下列控车载设备能否正确报警或者输出制动信息，主要包括完全监控/引导/部分监控模式下HU码转无码、允许码转无码的处理。

【测试场景6-1】　完全监控(FS)/引导(CO)/部分监控(PS)模式下HU码转无码的处理

序号	等级	运营场景	测试场景	场景描述	选点要求
1	C2	故障处理	完全监控/引导/部分监控模式下HU码转无码的处理	B站车站值班员暂不办理S-S_4引导接车进路。 1. 列车以C2等级完全监控模式运行至B站S进站信号机前停车，由行车指挥通知B站车站配合试验的电务人员关闭××G(三接近)发码盒，观察现象后恢复，行车指挥通知B站车站值班员办理S-S_4引导接车进路，列车发车。 2. 列车以C2等级引导模式在B站4G停车后，暂不开放出站信号，由行车指挥通知B站车站配合试验的电务人员关闭4G发码盒，观察现象后恢复。 3. 司机进行进调车退调车操作，控车模式转为C2等级部分监控模式后，由行车指挥通知车站配合试验的电务人员关闭股道发码盒，观察现象后恢复。	站内
预期结果：动车组运行至A站S进站信号机前，DMI显示红灯；车载设备处于完全监控/引导/部分监控模式，轨道电路信息由HU码转换为无码，车载设备输出紧急制动。					

调度台操作情况：根据联调联试指挥部发布日计划，当列车以 C2 等级完全监控模式运行至 A 站 S 进站信号机前停车；行车指挥通知 A 站车站值班员办理 $S\text{-}S_4$ 引导接车进路，列车发车；列车以 C 等级引导模式在 A 站 4G 停车后，暂不开放出站信号；行车指挥通知办理 A 站 $S_4\text{-}X_F$ 发车进路，列车发车继续试验。

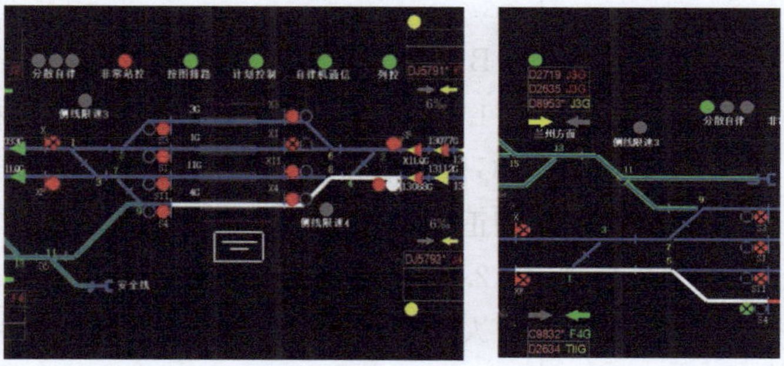

电务人员配合情况：列车以 C2 等级完全监控模式运行至 A 站 S 进站信号机前停车时，行车指挥通知 A 站车站配合试验的电务人员关闭 1876G(三接近)发码盒，测试人员观察现象后恢复；列车以 C2 等级引导模式在 A 站 4G 停车后时，行车指挥通知 A 站车站配合试验的电务人员关闭 4G 发码盒，观察现象后恢复。

车载 DMI 显示情况：轨道电路信息由 HU 码转换为无码，车载设备 HU 灯变 H 灯、输出紧急制动。

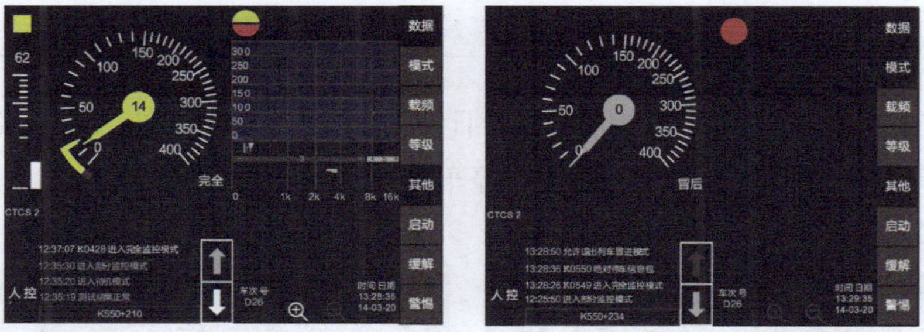

结果及评判标准：动车组运行至 A 站 S 进站信号机前，DMI 显示红灯；车载设备处于完全监控/引导/部分监控模式，轨道电路信息由 HU 码转换为无码，车载设备输出紧急制动。

ATP 符合车载《CTCS-2 级列控车载设备技术条件》(TB/T 3529—2018)：

7.4.10.1　当列车正线运行时，如果地面轨道电路信息为无码或 25.7 Hz、27.9 Hz，若之前为 HU 码，则输出紧急制动。

注意事项：行车指挥通知 A 站车站配合试验的电务人员关闭 1876G(三接近)发码盒，测试人员观察现象后恢复；行车指挥通知 A 站车站配合试验的电务人员关闭 4G 发码盒，观察现象后恢复。

【测试场景 6-2】 完全监控(FS)/部分监控(PS)模式下允许码转无码的处理

<table>
<tr><th>序号</th><th>等级</th><th>运营场景</th><th>测试场景</th><th>场景描述</th><th>选点要求</th></tr>
<tr><td>2</td><td>C2</td><td>故障处理</td><td>完全监控/部分监控模式下允许码转无码的处理</td><td>B站车站值班员办理 X_F-X_{II} 接车进路。
1. 列车以 C2 等级完全监控模式在 B 站ⅡG 停车后,由行车指挥通知车站值班员办理正线发车进路,暂不发车。
2. 行车指挥通知 B 站车站配合试验的电务人员关闭ⅡG 发码盒,观察现象后恢复。
3. 司机进行进调车退调车操作,控车模式转为 C2 等级部分监控模式后,由行车指挥通知 B 站车站配合试验的电务人员关闭ⅡG 发码盒,观察现象后恢复。</td><td>站内</td></tr>
<tr><td colspan="6">预期结果:司机进行进调车退调车操作,控车模式转为 C2 等级部分监控模式后,车载设备处于完全监控/部分监控模式,轨道电路信息由允许码转为无码,车载设备输出常用制动。</td></tr>
<tr><td colspan="6">调度台操作情况:根据联调联试指挥部发布日计划,调度员办理 A 站 X_F-X_{II} 接车进路:当列车以 C2 等级完全监控模式在 A 站ⅡG 停车后,行车指挥通知办理 A 站 X_{II}-S 发车进路,暂不发车。
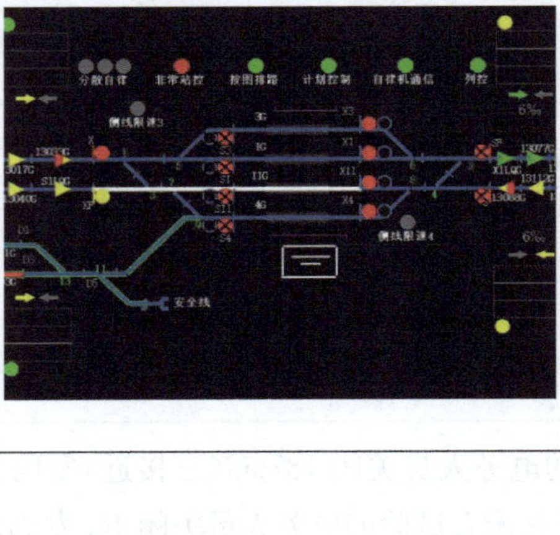 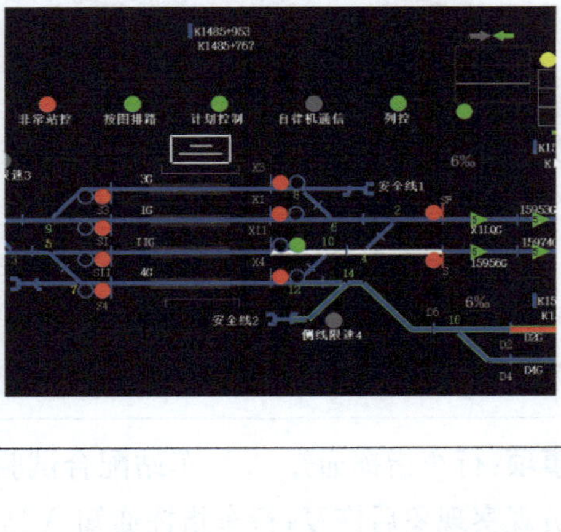</td></tr>
</table>

续上表

<table>
<tr><th>序号</th><th>等级</th><th>运营场景</th><th>测试场景</th><th>场景描述</th><th>选点要求</th></tr>
<tr><td colspan="6">

电务人员配合情况：

1. 行车指挥通知 A 站配合试验的电务人员关闭ⅡG 发送器，测试人员观察现象后。

2. 行车指挥通知 A 站配合试验的电务人员恢复ⅡG 发送器。

3. 司机进行进调车退调车操作，控车模式转为 C2 等级部分监控模式后，行车指挥通知 A 站配合试验的电务人员关闭ⅡG 发送器，测试人员观察现象后。

4. 行车指挥通知 A 站配合试验的电务人员恢复ⅡG 发送器。

</td></tr>
<tr><td colspan="6">

车载 DMI 显示情况：轨道电路信息由允许码转为无码，车载设备输出常用制动。

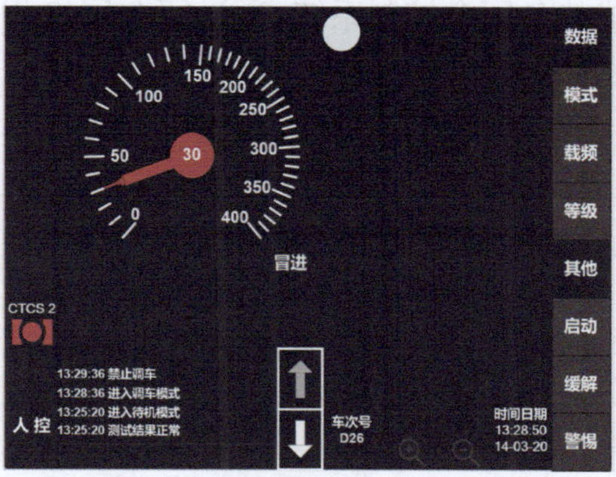

</td></tr>
<tr><td colspan="6">

结果及评判标准：当控车模式转为 C2 等级部分监控模式后，车载设备处于完全监控/部分监控模式，轨道电路信息由允许码转为无码，车载设备输出常用制动。

ATP 符合车载《CTCS-2 级列控车载设备技术条件》(TB/T 3529—2018)：

7.4.10.1　当列车正线运行时，如果地面轨道电路信息为无码或 25.7 Hz、27.9 Hz，若之前为允许码，则输出最大常用制动。

</td></tr>
<tr><td colspan="6">

注意事项：A 站配合试验的电务人员应及时按行车指挥关闭或恢复ⅡG 发送器。

</td></tr>
</table>

第七节 设备冗余

铁路信号系统冗余是为了提高系统的可靠性、可用性和安全性，对关键设备或子系统采用多重配置的技术和方法。重点对临时限速服务器、计算机联锁系统和列控系统等冗余设备运用情况进行检测。其中，临时限速服务器(TSRS)由主机、维护终端、接口单元组成。TSRS 主机是系统的核心逻辑处理单元，包括硬件平台、操作系统、故障安全处理软件、应用逻辑软件、工程配置数据等。其系统框架为基于通用计算机服务器的 2×2 取 2 计算机系统。列控中心(TCC)是 CTCS-2 级列控系统地面子系统的核心部分。它根据轨道区段占用信息、联锁进路信息、线路限速信息等产生列车行车许可命令，并通过轨道电路和有源应答器传输给车载子系统，保证其管辖内的所有列车运行安全。TCC 采用 2×2 取 2 安全计算机平台，技术成熟可靠。计算机联锁(CBI)作为 CTCS-2 级列控系统的地面设备，可与列控中心接口，提供站内列车进路相关信息，支持 CTCS-2 级列控系统行车许可的形成。CBI 双机热备计算机联锁系统由两个独立的主处理器构成热备冗余控制系统，通过冗余网络相互通信，遵从“故障—安全”原则，具有极高的可靠性和安全性。

【测试场景 7-1】 临时限速服务器(TSRS)主备系切换

序号	等级	运营场景	测试场景	场景描述	选点要求
1	C2	设备冗余	临时限速服务器主备系切换	1. 列车发车前，由行车指挥通知调度台配合试验的电务人员设置 TSR1 并验证成功后，暂不点击“执行”命令。 2. 行车指挥通知调度台配合试验的电务人员进行 TSRS 主备机切换，切换完成后，点击 TSR1“执行”命令，TSR1 设置成功后通知行车指挥，经行车指挥确认后，继续设置 TSR2、TSRS3。 3. 设置成功后，列车以 C2 等级部分监控模式模式在 A 站发车。	站内
预期结果：动车组设置 TSRS 主备机切换成功后，动车组 A 站 4G 发车，DMI 显示临时限速命令正常，显示正常。					

调度台操作情况:根据联调联试指挥部发布日计划,列车进入 A 站 4G 停车后,调度员办理 A 站 S_4-X_F 发车进路;待电务设置成后,列车在 A 站 4G 发车。

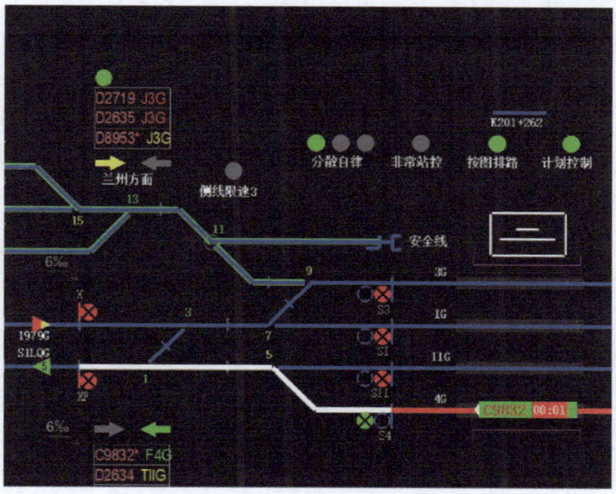

电务人员配合情况:配合试验的电务人员设置 TSR1 并验证成功后,暂不点击“执行”命令;进行兰张 TSRS 主备机切换,切换完成后,点击 TSR1“执行”命令,TSR1 设置成功后通知行车指挥,经行车指挥确认后,继续设置 TSR2、TSRS3。

车载 DMI 显示情况:DMI 显示临时限速命令正常,显示正常。

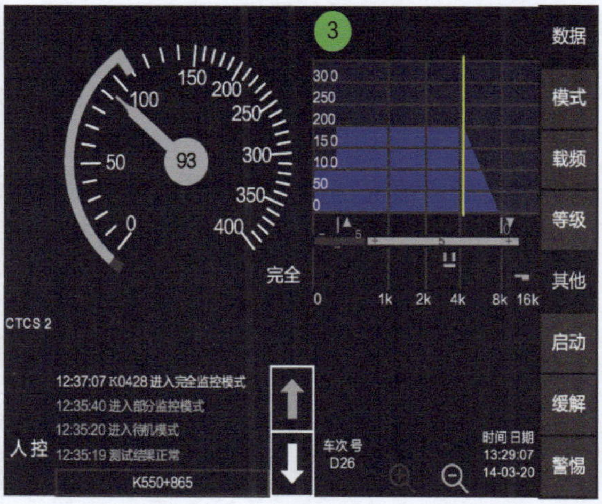

结果及评判标准:动车组设置 TSRS 主备机切换成功后,动车组 A 站 4G 发车,DMI 显示临时限速命令正常,显示正常。

ATP 符合车载《CTCS-2 级列控车载设备技术条件》(TB/T 3529—2018)。

注意事项:电务配合人员要严格按照试验流程设置临时限速命令,并下达。

【测试场景 7-2】 列控中心(TCC)主备系切换

序号	等级	运营场景	测试场景	场景描述	选点要求
2	C2	设备冗余	列控中心主备系切换	B 站车站值班员办理 X-4G 接车进路。 1. 列车以 C2 等级完全监控模式在 B 站 4G 停车后由行车指挥通知 B 站车站值班员办理 X_4-S 发车进路,暂不发车。 2. 行车指挥通知 B 站车站配合试验的电务人员进行 TCC 主备机切换,切换成功后通知行车指挥,经行车指挥确认后,列车继续运行。	站内

预期结果:待 TCC 切换完成后,动车组列车以 C2 等级完全监控模式继续运行;DMI 显示码序正常。

调度台操作情况:根据联调联试指挥部发布日计划,调度员办理 A 站 X_4-S 发车进路。

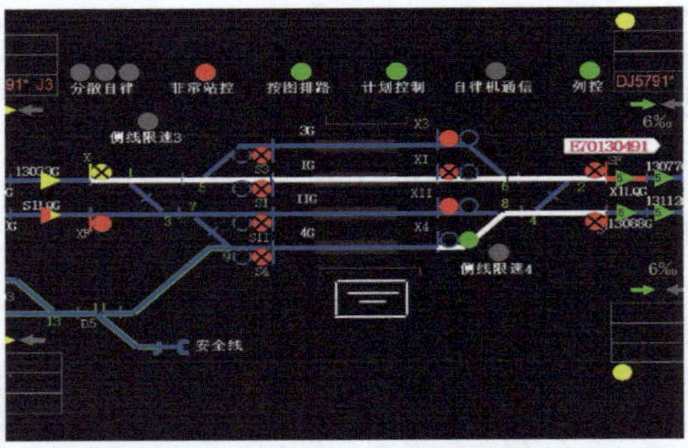

电务人员配合情况:电务人员进行 TCC 主备机切换,切换成功后通知行车指挥,经行车指挥确认后发车。

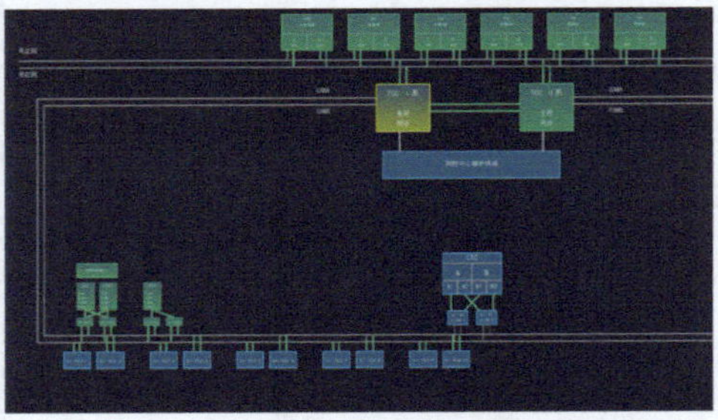

车载 DMI 显示情况:DMI 显示码序正常。

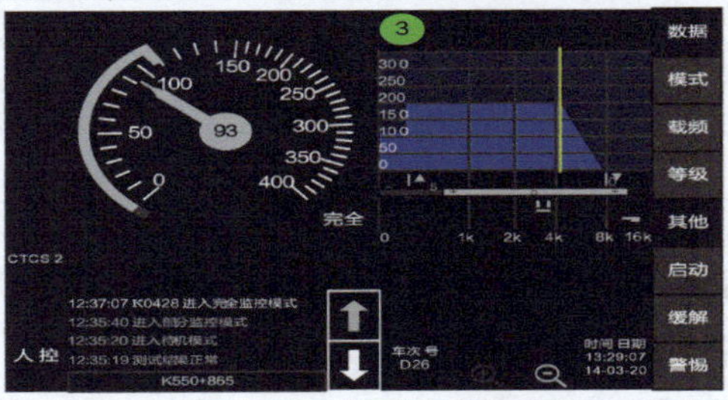

结果及评判标准:待 TCC 切换完成后,动车组列车以 C2 等级完全监控模式继续运行;DMI 显示码序正常。

ATP 符合车载《CTCS-2 级列控车载设备技术条件》(TB/T 3529—2018)。

注意事项:电务配合人员需听从行车人员指挥,及时进行 TCC 主备机切换。

【测试场景 7-3】　计算机联锁(CBI)主备机切换

序号	等级	运营场景	测试场景	场景描述	选点要求
3	C2	设备冗余	计算机联锁主备机切换	B 站车站值班员办理 X_F-X_4 接车进路。 1. 列车以 C2 等级完全监控模式在 B 站 4G 停车，行车指挥通知 B 站车站值班员办理 X_4-S 发车进路，暂不发车。 2. 行车指挥通知 B 站车站配合试验的电务人员进行 CBI 主备机切换，切换成功后通知行车指挥，经行车指挥确认后，列车继续运行。	站内

预期结果：待 CBI 切换完成后，动车组列车以 C2 等级完全监控模式继续运行；DMI 显示码序正常。

调度台操作情况：根据联调联试指挥部发布日计划，调度员办理 A 站 X_F-X_4 接车进路，列车以 C2 等级完全监控模式运行至 A 站 4G 停车后，行车指挥通知办理 A 站 X_4-S 发车进路，暂不发车。

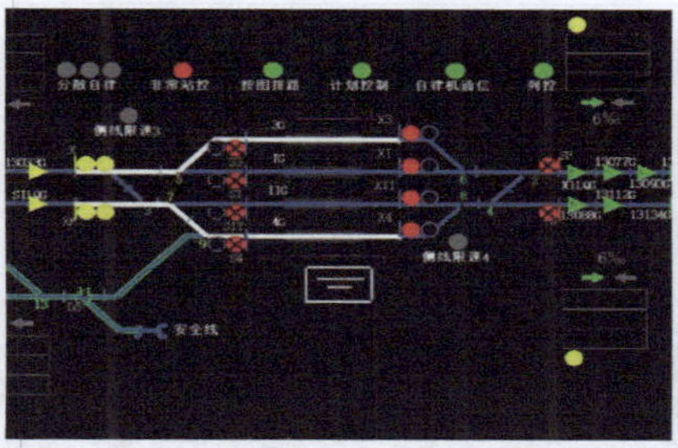

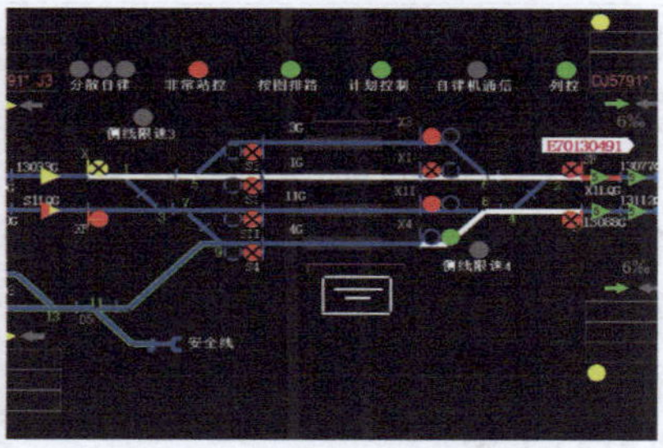

电务人员配合情况：配合试验的电务人员进行 CBI 主备机切换，Ⅱ系为主系，切换成功后通知行车指挥。

车载 DMI 显示情况：DMI 显示码序正常。

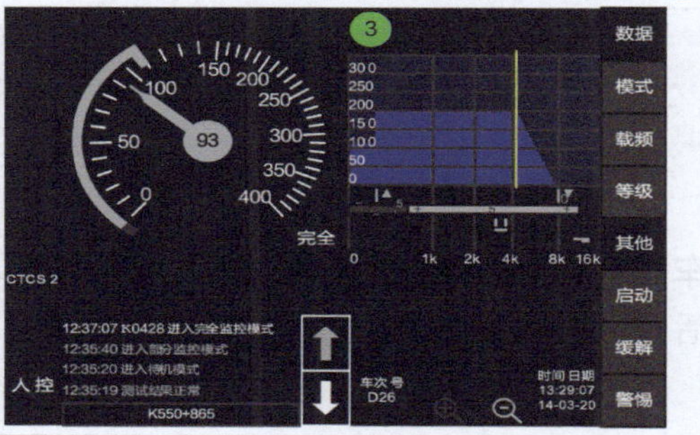

结果及评判标准：待 CBI 切换完成后，动车组列车以 C2 等级完全监控模式继续运行；DMI 显示码序正常。

ATP 符合车载《CTCS-2 级列控车载设备技术条件》(TB/T 3529—2018)。

注意事项：电务配合人员需听从行车人员指挥，及时进行 CBI 主备机切换。

第八节　故 障 处 理

【测试场景 8-1】 人工解锁进路

<table>
<tr><th>序号</th><th>等级</th><th>运营场景</th><th>测试场景</th><th>场景描述</th><th>选点要求</th></tr>
<tr><td>1</td><td>C2</td><td>故障处理</td><td>人工解锁进路</td><td>列车发车前，B 站车站值班员办理 X-X_3-S_F 通过进路。
1. 列车以 C2 等级完全监控模式运行至 B 站 X 进站信号机前停车。
2. 由行车指挥通知 B 站车站值班员办理总人解，观察现象后重新办理 X-X_3-S_F 通过进路，经行车指挥确认后，列车继续试验。</td><td>站内</td></tr>
<tr><td colspan="6">预期结果：列车在区间发车以 C2 等级完全监控模式运行至 A 站 X 进站信号机前停车后，进路总人解取消后，车载 ATP 行车信息变化。</td></tr>
<tr><td colspan="4">调度台操作情况：
1. 根据联调联试指挥部发布日计划，行车指挥通知调度员办理 A 站 X-X_3-S_F 通过进路。
2. 待车运行至 A 站 X 进站信号机前停车后，行车指挥通知办理 A 站 X-X_3-S_F 通过进路总人解。
3. 行车指挥通知重新办理 A 站 X-X_3-S_F 通过进路。</td><td colspan="2">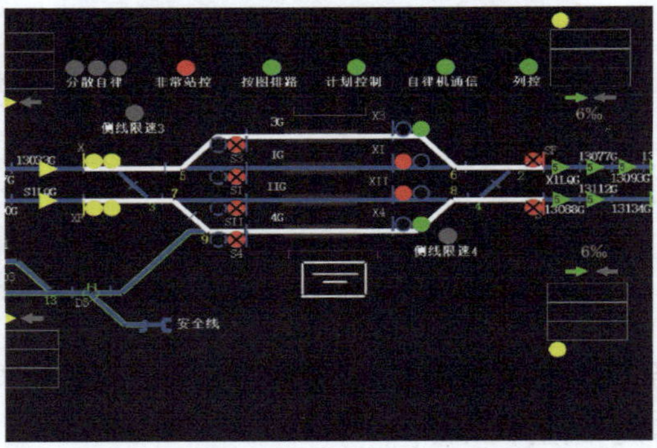</td></tr>
<tr><td colspan="4">车载 DMI 显示情况：进路总人解取消后，车载 ATP 行车信息变化。</td><td colspan="2">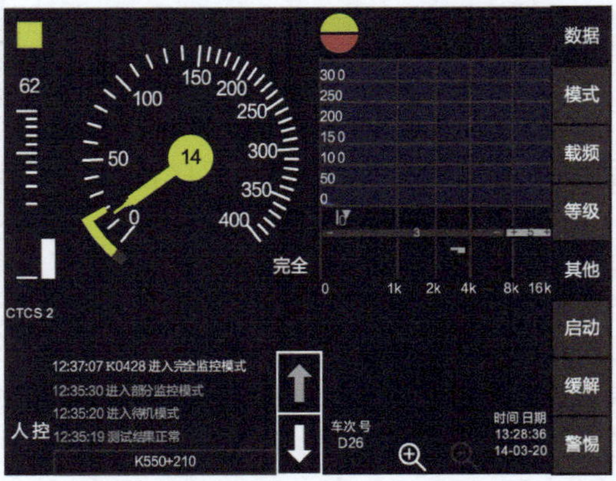</td></tr>
<tr><td colspan="6">结果及评判标准：ATP 符合车载《CTCS-2 级列控车载设备技术条件》(TB/T 3529—2018)。</td></tr>
<tr><td colspan="6">注意事项：电务车载添乘人员提示司机按提示正常操作。</td></tr>
</table>

【测试场景 8-2】 人工取消进路

序号	等级	运营场景	测试场景	场景描述	选点要求
2	C2	故障处理	人工取消进路	列车发车前，B 站车站值班员办理 $X\text{-}X_3\text{-}S_F$ 通过进路。 1. 列车以 C2 等级完全监控模式运行，运行至接近锁闭区段后方闭塞分区停车(公里标：需跟列控厂家确认接近锁闭区段长度)。 2. 由行车指挥通知前方车站值班员办理总取消，观察现象后重新办理 $X\text{-}X_3\text{-}S_F$ 通过进路，经行车指挥确认后，列车继续试验。	站内

预期结果：列车在区间发车以 C2 等级完全监控模式运行至 A 站 X 进站信号机前停车后，进路总取消后，车载 ATP 行车信息变化。

调度台操作情况：

1. 根据联调联试指挥部发布日计划，行车指挥通知办理 A 站 $X\text{-}X_3\text{-}S_F$ 通过进路。
2. 列车以 C2 等级完全监控模式运行至区间停车(公里标：K160＋500)。
3. 行车指挥通知办理 A 站 $X\text{-}X_3\text{-}S_F$ 通过进路总取消。

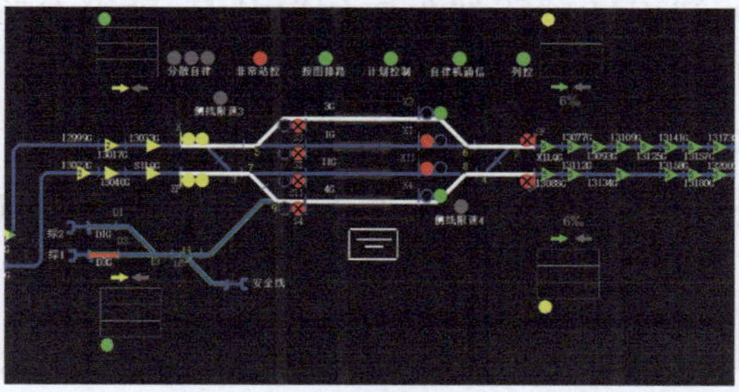

车载 DMI 显示情况：进路总取消后，车载 CIR(机车综合无线通信设备)行车信息变化。

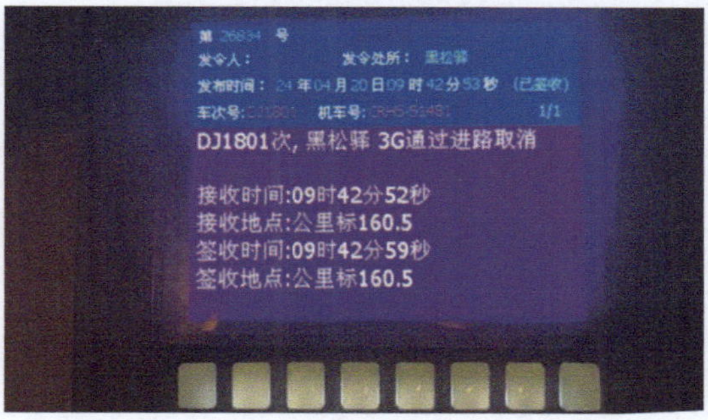

结果及评判标准：ATP 符合车载《CTCS-2 级列控车载设备技术条件》(TB/T 3529—2018)。

注意事项：电务车载添乘人员提示司机按提示正常操作。

第二章 CTCS-3级列控系统场景测试

CTCS-3 级列控系统是中国高速铁路运行控制的关键技术装备，在高速铁路联调联试场景测试中扮演着极为重要的角色。

在测试过程中，严格依照标准三站两区间示意图（图 1-1）展开工作。该示意图精确呈现了车站的整体布局，包括股道的分布、道岔的位置等关键信息。车站名称的明确，为各测试环节提供了清晰的地理位置标识，便于准确记录和分析数据。始端信号机和终端信号机作为列车运行指令的重要发出点和监控点，其状态和性能的测试至关重要。部分轨道区段名称参照标准线设定，使得在测试不同轨道区域的列车运行控制时，能够有统一的参照标准，确保测试结果的准确性和一致性。

这些测试内容相互关联，共同构成了对 CTCS-3 级列控系统在高速铁路实际运行环境中的全面检验，为后续高速铁路的安全稳定运营奠定坚实基础。

第一节　动车组注册、启动与注销

动车组注册、启动与注销场景测试表

<table>
<tr><th>序号</th><th>等级</th><th>运营场景</th><th>测试场景</th><th>场景描述</th><th>预期结果</th><th>选点要求</th><th>实施方案</th></tr>
<tr><td>1</td><td>C3</td><td>注册与启动、降级情况</td><td>注册列车—位置无效</td><td>列车以 C3 等级完全监控模式进入 A 站停车。
重启 ATP，注册列车。</td><td>启动流程中，DMI 提示文本信息“位置未知”，司机完成启动流程，DMI 提示司机按压“启动”键。</td><td>站内</td><td>1. 电务车载添乘人员提示司机按照流程操作。
2. 电务车载添乘人员对司机操作流程进行盯控，并做好司机操作与 DMI 显示信息记录。
3. 日计划中需明确发车站名及股道。</td></tr>
<tr><td colspan="8">司机操作流程：
1. 列车到达 A 站停稳后，司机重启 ATP。
2. ATP 启动后，待车载 DMI 提示文本信息“位置未知”。
3. 司机按操作流程按压“启动”键，完成注册。</td></tr>
<tr><td>2</td><td>C3</td><td>注册与启动</td><td>注册列车—安全连接未建立</td><td>列车在 A 站发车前。
任务开始流程中司机输入错误的 RBCID 和电话号码。</td><td>DMI 显示车载设备未与 RBC（无线闭塞中心，下同）建立连接。</td><td>站内</td><td>1. 电务车载添乘人员提示司机按照流程操作。
2. 电务车载添乘人员对司机操作流程进行盯控，并做好司机操作与 DMI 显示信息记录。
3. 日计划中需明确发车站名、开行股道、错误的 RBCID 和电话号码。</td></tr>
</table>

续上表

<table>
<tr><th>序号</th><th>等级</th><th>运营场景</th><th>测试场景</th><th>场景描述</th><th>预期结果</th><th>选点要求</th><th>实施方案</th></tr>
<tr><td colspan="8">司机操作流程：
1. 列车 A 站发车前，重启 ATP。
2. 按照 ATP 提示信息注册列车，司机根据日计划中明确的输入号码(错误的 RBCID 和电话号码)，按压“启动”键。
3. DMI 显示车载设备未与 RBC 建立连接。</td></tr>
<tr><td>3</td><td>C3</td><td>注册与启动</td><td>运行中修改司机号</td><td>列车以 C3 等级目视行车模式在 A 站发车。
过 A 站出站信号机后，列车运行中司机尝试修改当前司机号。</td><td>DMI 显示不允许修改当前司机号。</td><td>站内/区间</td><td>1. 电务车载添乘人员提示司机按照流程操作。
2. 电务车载添乘人员对司机操作流程进行盯控，并做好司机操作与 DMI 显示信息记录。
3. 日计划需明确站名、开行股道和错误司机号。</td></tr>
<tr><td colspan="8">操作流程：
1. 司机操控动车组在 A 站以 C3 等级目视行车模式发车。
2. 待动车组越过 A 站进站口后，司机修改当前司机号(输入错误司机号)。
3. DMI 显示不允许修改当前司机号。</td></tr>
<tr><td>4</td><td>C3</td><td>注册与启动、行车许可</td><td>待机模式—报告有效位置，转入完全模式</td><td>列车以 C3 等级完全监控模式进入 A 站停车后(距出站信号机 100 m 左右)。
1. 行车指挥通知 A 站车站值班员办理发车进路。
2. 重启驾驶台，注册列车，进入 C3 等级待机模式后按压启动键。</td><td>转入 C3 等级完全监控模式。</td><td>站内</td><td>1. 电务车载添乘人员提示司机按照流程操作。
2. 电务车载添乘人员对司机操作流程进行盯控，并做好司机操作与 DMI 显示信息记录。
3. 日计划需明确站名和开行股道。</td></tr>
</table>

续上表

序号	等级	运营场景	测试场景	场景描述	预期结果	选点要求	实施方案
司机操作流程： 1. 司机操控动车组以 C3 完全监控模式进入 A 站。 2. 在距离上行或下行咽喉出站信号机 100 m 左右停车。 3. 行车指挥通知 A 站值班员办理发车进路。 4. 司机重启驾驶台，按照操作流程注册列车，进入 C3 级待机模式后，按压"启动"键。							
5	C3	注销	注销—驾驶台关闭	列车以 C3 等级完全监控模式进入 A 站停车。 关闭驾驶台。	车载设备转入待机模式，车载与 RBC 断开安全连接，CTC 注销该车载设备。	站内	1. 电务车载添乘人员提示司机按照流程操作。 2. 电务车载添乘人员对司机操作流程进行盯控，并做好司机操作与 DMI 显示信息记录。 3. 电务添乘负责人与 RBC 中心、CTC 中心配合人员确认车载设备是否断开、注销。 4. 日计划需明确站名和开行股道。
司机操作流程： 1. 司机操控动车组以 C3 完全监控模式进入 A 站停车。 2. 待动车组停稳后，司机关闭驾驶台（5 min），ATP 转入待机模式。							
6	C3	注销	注销—司机选择 C2 等级	列车以 C3 等级完全监控模式进入 A 站停车。 司机选择 C2 等级。	车载设备转入 C2 等级，DMI 显示车载设备与 RBC 断开连接。	站内/区间	1. 电务车载添乘人员提示司机按照流程操作。 2. 电务车载添乘人员对司机操作流程进行盯控，并做好司机操作与 DMI 显示信息记录。 3. 日计划需明确站名和开行股道。

续上表

序号	等级	运营场景	测试场景	场景描述	预期结果	选点要求	实施方案
司机操作流程： 1. 司机操控动车组以 C3 完全监控模式进入 A 站停车。 2. 待动车组停稳后，司机选择 C2 等级。							
7	C3	注销、行车许可	待机模式呼叫非监督 RBC/目视行车模式接收通信会话	列车以 C3 等级完全监控模式进入 A 站停车。 1. 重启驾驶台，呼叫非管辖 RBC 进入待机模式。 2. 行车指挥通知 A 站车站值班员办理发车进路，列车以 C3 等级目视行车模式发车(选择目视后车载尝试与 RBC 建立连接，车载停止尝试后，且未与 RBC 建立连接后发车)，列车通过出站口应答器组。	1. 待机模式 DMI 显示车载设备与 RBC 建立连接后又断开连接。 2. 目视行车模式下 DMI 显示车载设备与 RBC 建立连接。	站内/出站口(带呼叫包)	1. 电务车载添乘人员提示司机按照流程操作。 2. 电务车载添乘人员对司机操作流程进行盯控，并做好司机操作与 DMI 显示信息记录。 3. 日计划中明确站名、开行股道和呼叫 RBC 号码。
8	C3	注销	注销—任务开始阶段关闭驾驶台	列车在 A 站发车前。 1. 任务开始流程中输入 RBCID 和电话号码注册列车。 2. 关闭驾驶台。	1. 车载与 RBC 建立连接。 2. 车载设备与 RBC 断开连接。	站内	1. 电务添乘人员提示司机按照流程操作。 2. 电务添乘人员对司机操作流程进行盯控，并做好司机操作与 DMI 显示信息记录。 3. 日计划中应明确开行股道、RBCID 和电话号码。

续上表

序号	等级	运营场景	测试场景	场景描述	预期结果	选点要求	实施方案
9	C3	注销	注销—通信会话未建	列车在A站发车前。 1. 任务开始流程中司机输入错误的RBCID和电话号码。 2. 选择C3等级目视行车模式(选择目视后车载会尝试与RBC建立连接,车载停止尝试后),关闭驾驶台。	1. 车载未与RBC建立连接。 2. 车载设备转入待机模式,不触发任务结束流程。	站内	1. 电务添乘人员提示司机按照流程操作。 2. 电务添乘人员对司机操作流程进行盯控,并做好司机操作与DMI显示信息记录。 3. 日计划中应明确错误的RBCID和电话号码。

第二节　CTCS-2 与 CTCS-3 等级转换

CTCS-2 与 CTCS-3 等级转换场景测试表

序号	等级	运营场景	测试场景	场景描述	预期结果	选点要求	实施方案
10	C3	等级转换	多车同时执行C2至C3的等级	A站车站值班员办理X_3-S_F、X_4-S发车进路,A、B两站间存在C2至C3等级转换点。 1. 动车组1、动车组2分别在A站3G、4G以C2等级部分	1. 动车组1和动车组2由C2等级完全监控模式转入C3等级完全监控模式。	C2至C3等级转换点	1. 电务添乘人员提示司机按照流程操作。

续上表

序号	等级	运营场景	测试场景	场景描述	预期结果	选点要求	实施方案
10	C3	等级转换	多车同时执行C2至C3的等级	监控模式发车，运行至C2至C3等级转换预告应答器组前停车。 2. 动车组1与动车组2同时发车进行通过C2至C3等级转换场景测试点。	2. 动车组2由C2等级完全监控模式转入C3等级完全监控模式。	C2至C3等级转换点	2. 电务添乘人员对司机操作流程进行盯控，并做好司机操作与DMI显示信息记录。 3. 日计划应明确停车公里标。
11	C3	等级转换	C2至C3等级转换过程中无线超时	A站车站值班员办理X_3-S_F发车进路，A、B两站间存在C2至C3等级转换点。 列车以C2等级部分监控模式在A站发车，低速通过C2/C3等级转换预告应答器组且DMI显示等级转换预告文本后，行车指挥通知车上配合试验的电务人员设置无线连接超时后恢复，列车通过级间切换点。	列车由C2等级完全监控模式转入C3等级完全监控模式。	C2至C3等级转换点	1. 电务车载添乘人员提示司机按照流程操作。 2. 电务车载添乘人员对司机操作流程进行盯控，并做好司机操作与DMI显示信息记录。 3. 日计划应明确级间切换点公里标。
场景设置方法：关闭车载MT电源。 执行部门：电务段车载专业。 执行时机：根据当日日计划中要求，按照铁科院测试人员指挥。							

续上表

序号	等级	运营场景	测试场景	场景描述	预期结果	选点要求	实施方案
12	C3	等级转换	C2 至 C3 等级转换过程中临时限速的设置和取消	A 站车站值班员办理 X_3-S_F 发车进路，A、B 两站间存在 C2 至 C3 等级转换点。 1. 列车以 C2 等级部分监控模式在 A 站发车，运行到 C2 至 C3 等级转换预告应答器组前停车，行车指挥通知调度员设置跨 C2 至 C3 等级转换点临时限速 TSR1[①]，后取消 TSR1。 2. 列车低速通过 C2 至 C3 等级转换预告应答器组且 DMI 显示等级转换预告文本后停车，行车指挥通知调度员设置跨 C2 至 C3 等级转换点限速 TSR2（TSR2 比 TSR1 限速值低），经行车指挥确认后，列车发车继续试验。	列车通过 C2/C3 等级转换点，只执行 TSR2 临时限速信息。	C2 至 C3 等级转换点	1. 电务添乘人员提示司机按照流程操作。 2. 电务添乘人员对司机操作流程进行盯控，并做好司机操作与 DMI 显示信息记录。 3. 电务段在铁路局集团公司调度指挥中心安排配合人员配合调度员设置临时限速，做好配合工作。 4. 日计划应明确 C2 至 C3 等级转换预告应答器组公里标。

① TSR，列控限速命令，下同。

续上表

序号	等级	运营场景	测试场景	场景描述	预期结果	选点要求	实施方案
13	C3	等级转换	C2至C3等级转换—C3级范围内闭塞分区出现异常后的处理	A站车站值班员办理X_3-S_F发车进路，A、B两站间存在C2至C3等级转换点。 1. 列车以C2等级部分监控模式在A站发车，低速通过C2/C3等级转换预告应答器组且DMI显示等级转换预告文本后停车，由行车指挥通知地面配合试验的电务人员模拟C3级范围内非首个闭塞分区故障占用后取消占用。 2. 取消C3级范围内非首个闭塞分区故障占用，再模拟C3级范围内首个闭塞分区故障占用，观察现象后。 3. 取消占压，经行车指挥确认后，列车发车继续试验。	1. RBC向车载发送缩短行车许可至异常闭塞分区起点，取消占用后RBC发送延长的行车许可。 2. 模拟C3级范围内首个闭塞分区故障占用，RBC应缩短行车许可至等级转换边界，可命令车载设备保持C2等级。 3. 列车过C2至C3等级转换点后可正常转为C3等级完全监控模式。	C2至C3等级转换点	1. 电务添乘人员提示司机按照流程操作。 2. 电务添乘人员对司机操作流程进行盯控，并做好司机操作与DMI显示信息记录。 3. 车间干部到地面现场盯控。 4. 地面配合人员听从测试动车组电务添乘指挥人指令操作设备。 5. 日计划应明确C2/C3等级转换预告应答器组公里标与对应区段。

续上表

序号	等级	运营场景	测试场景	场景描述	预期结果	选点要求	实施方案
地点：机械室。 执行部门：电务地面配合人员。 实现方式：采用关闭轨道电路发送器的方法（断开主备发送器空开）来实现区段故障占用。 操作流程：机械室室内 QY 柜后面（站内轨道区段与区间轨道区段所对应 QY 柜不一致），断开对应轨道区段发送器主备断路器开关（如右图所示）。  							
14	C3	等级转换	C2 至 C3 等级转换前—C3 等级范围内非首个闭塞分区出现异常时的MA（动车组行车许可，下同）处理	列车发车前，行车指挥通知地面配合试验的电务人员模拟 C3 级范围内非首个闭塞分区故障占用，A 站车站值班员办理 X_3-S_F 发车进路，A、B 两站间存在 C2 至 C3 等级转换点。 1. 列车以 C2 等级部分监控模式在 A 站发车，越过 C2 至 C3 等级转换点。 2. 取消故障占用，经行车指挥确认后，列车发车继续试验。	1. 车载转为 C3 等级，行车许可的 EOA 是异常闭塞分区起点的行车许可。 2. 行车许可延长，列车可继续运行。	C2 至 C3 等级转换点	1. 电务添乘人员提示司机按照流程操作。 2. 电务添乘人员对司机操作流程进行盯控，并做好司机操作与 DMI 显示信息记录。 3. 车间干部到地面现场盯控。 4. 地面配合人员听从测试动车组电务添乘指挥人指令操作设备。 5. 日计划中应明确对应区段与公里标。 6. 轨道电路故障占用实现方式参考本章测试场景 13。

续上表

序号	等级	运营场景	测试场景	场景描述	预期结果	选点要求	实施方案
15	C3	等级转换	C2至C3等级转换过程中一C3区域站内进路故障后恢复	A站车站值班员办理X_3-S_F发车进路,B站车站值班员办理X-X_3接车进路,A、B两站间存在C2至C3等级转换点。 1. 列车以C2等级部分监控模式在A站发车,低速通过C2/C3等级转换预告应答器组,且DMI显示等级转换预告文本后停车,行车指挥通知地面配合试验的电务人员模拟B站岔区轨道电路故障,观察现象。 2. 取消故障占用后通知B站车站值班员重新办理X-X_3接车进路,经行车指挥确认后,列车发车继续试验。	1. RBC向车载设备发送缩短MA。 2. RBC向车载设备发送延长MA。	C2至C3等级转换点距离B站小于20 km	1. 电务添乘人员提示司机按照流程操作。 2. 电务添乘人员对司机操作流程进行盯控,并做好司机操作与DMI显示信息记录。 3. 车间干部到地面现场盯控。 4. 地面配合人员听从测试动车组电务添乘指挥人指令操作设备。 5. 日计划中应明确对应区段与公里标。 6. 轨道电路故障占用实现方式参考本章测试场景13。

续上表

序号	等级	运营场景	测试场景	场景描述	预期结果	选点要求	实施方案
16	C3	等级转换	通过存储号码连接主管RBC	ATP 上电前断开双 MT 电源。 1. ATP 上电后在任务开始阶段，司机输入有效的 RBCID 和电话号码注册列车。 2. 恢复双 MT 电源，司机选择 C3 等级目视行车模式，通过存储的 RBCID 和电话号码重新连接 RBC。 3. 重启驾驶台进入 C3 等级待机模式通过存储的 RBCID 和电话号码重新与 RBC 建立连接。	1. 车载未与 RBC 建立连接。 2. 目视行车模式下通过存储的 RBCID 和电话号码连接主管 RBC。 3. 待机模式下通过存储的 RBCID 和电话号码连接主管 RBC。	站内/区间	1. 电务车载添乘人员提示司机按照流程操作。 2. 车载添乘人员根据日计划要求关闭双 MT 电源。 3. 电务车载添乘人员对司机操作流程进行盯控，并做好司机操作与 DMI 显示信息记录。 4. 日计划应明确相应的 RBCID 和电话号码。

续上表

序号	等级	运营场景	测试场景	场景描述	预期结果	选点要求	实施方案
17	C3	等级转换	进路变更	A、B 两站间存在 C2 至 C3 等级转换点，A 站车站值班员办理 X_3-S_F 发车进路，B 站车站值班员办理 X-X_I-S_F 通过进路。 1. 列车以 C2 等级部分监控模式在 A 站发车，运行至 C2 至 C3 等级转换执行点前停车。 2. 行车指挥通知 B 站车站值班员取消 X-X_I-S_F 通过进路，办理 X-X_3-S_F 通过进路，列车发车，观察现象。	列车过 B 站 X 进站信号机时，DMI 上显示允许速度为 80 km/h。	C2 至 C3 等级转换点与 B 站距离在一个 MA 范围内	1. 电务添乘人员对司机操作流程进行盯控，并做好司机操作与 DMI 显示信息记录。 2. 日计划中应明确停车公里标。

第三节 动车组行车许可(MA)

动车组行车许可(MA)场景测试表

序号	等级	运营场景	测试场景	场景描述	预期结果	选点要求	实施方案
18	C3	行车许可	分路不良时RBC的处理	关闭列控中心区间占用逻辑检查功能,A站车站值班员办理X_3-S_F发车进路,待动车组1(前车)通知后办理X_4-S_F发车进路。 1. 动车组1在A站3G以C3等级目视行车模式发车,运行至区间停车(距A站9个闭塞分区),动车组1所在闭塞分区分路不良。 2. 动车组1在区间停车后通知A站车站值班员办理X_4-S_F发车进路,动车组2(后车)在A站4G以C3等级目视行车模式发车,动车组2机车信号显示L4时停车,通知动车组1行车指挥动车组2已停车。	1. 动车组1所在闭塞分区分路不良,动车组1行车许可无变化。 2. 动车组1所在闭塞分区分路不良,动车组2行车许可不能延伸过动车组1所在闭塞分区,当动车组1重启ATP后动车组2行车许可延伸。 3. 动车组2行车许可延伸。 4. 动车组1重新注册列车,目视行车模式通过一组应答器,动车组2行车许可缩短,动车组1转入C3等级完全监控模式后通知地面配合试验的电务人员恢复分路不良闭塞分区,恢复后通知动车组2行	区间	1. 电务添乘人员提示司机按照流程操作。 2. 电务添乘人员对司机操作流程进行盯控,并做好司机操作与DMI显示信息记录。 3. 日计划应明确公里标及具体要求。

续上表

序号	等级	运营场景	测试场景	场景描述	预期结果	选点要求	实施方案
18	C3	行车许可	分路不良时RBC的处理	3. 待动车组2通知后，动车组1行车指挥通知地面配合试验的电务人员模拟动车组1所在闭塞分区分路不良，观察现象动车组1行车指挥重启ATP。 4. 设置动车组1所在闭塞分区分路不良完毕后，动车组2观察现象，通知动车组1行车指挥重启ATP，动车组2观察现象。 5. 动车组1重启ATP后重新注册列车，以C3等级目视行车模式通过一组应答器（分路不良闭塞分区末端应答器组）转入C3等级完全监控模式后通知地面配合试验的电务人员恢复分路不良闭塞分区，恢复后通知动车组2行车指挥，动车组2发车继续试验。	车指挥，动车组2发车继续试验。	区间	1. 电务添乘人员提示司机按照流程操作。 2. 电务添乘人员对司机操作流程进行盯控，并做好司机操作与DMI显示信息记录。 3. 日计划应明确公里标及具体要求。

续上表

<table>
<tr><th>序号</th><th>等级</th><th>运营场景</th><th>测试场景</th><th>场景描述</th><th>预期结果</th><th>选点要求</th><th>实施方案</th></tr>
<tr><td colspan="8">地点:机械室。
执行部门:电务地面配合人员。
设置分路不良方法:室内配合人员按照区段名称在 QZH 柜零层找出接收电缆侧电缆端子(如 QZH1-D7-2.4),在此处串接不小于 100 Ω/10 W 电阻,配合设置场景。或者在衰耗器上串接不小于 100 Ω/10 W 电阻。
 </td></tr>
<tr><td>19</td><td>C3</td><td>行车许可</td><td>双车追踪时 RBC 发送 MA 的处理</td><td>A 站车站值班员办理 X_3-S_F 发车进路,待动车组 1 通知后办理 X_I-S_F 发车进路。
1. 动车组 1 在 A 站 3G 以 C3 等级目视行车模式发车,运行至区间后行车指挥通知 A 站值班员办理 X_I-S_F 发车进路。
2. 动车组 2 在 A 站 IG 待机车信号显 L3 后以 C3 等级目视行车模式发车。</td><td>1. 双车追踪时动车组 1 以 C3 等级完全监控模式正常运行。
2. 双车追踪时动车组 1 和 2 以 C3 等级完全监控模式正常运行。</td><td>区间</td><td>1. 电务添乘人员提示司机按照流程操作。
2. 电务添乘人员对司机操作流程进行盯控,并做好司机操作与 DMI 显示信息记录。
3. 日计划中明确站名和开行股道。</td></tr>
</table>

续上表

序号	等级	运营场景	测试场景	场景描述	预期结果	选点要求	实施方案
20	C3	行车许可	占用/取消非紧邻闭塞分区时 RBC 的处理	列车在 B 站以 C3 等级目视行车模式或完全监控模式发车。 1. 列车运行至区间停车后，由行车指挥通知地面配合试验的电务人员模拟列车前方非紧邻闭塞分区故障占用。 2. 观察现象后取消占用，经行车指挥确认后，列车发车继续试验。	1. 车载设备使用新的缩短的 MA。 2. 故障占用取消后，车载设备 MA 延伸。	区间	1. 电务添乘人员提示司机按照流程操作。 2. 电务添乘人员对司机操作流程进行盯控，并做好司机操作与 DMI 显示信息记录。 3. 车间干部到地面现场盯控。 4. 地面配合人员听从测试动车组电务添乘指挥人指令操作设备。 5. 日计划中应明确对应区段与公里标。 6. 轨道电路故障占用实现方式参考本章测试场景 13。
21	C3	行车许可	闭塞分区内前方轨道电路占用时 RBC 的处理	B 站车站值班员办理 X_3-S_F 发车进路。 1. 列车以 C3 等级目视行车模式或完全监控模式在 B 站发车，运行至某闭塞分区首个轨道区段停车，由行车指挥	机车信号显示 L5-B，RBC 不作应急处理。	区间	1. 电务添乘人员提示司机按照流程操作。 2. 电务添乘人员对司机操作流程进行盯控，并做好司机操作与 DMI 显示信息记录。 3. 车间干部到地面现场盯控。

续上表

序号	等级	运营场景	测试场景	场景描述	预期结果	选点要求	实施方案
21	C3	行车许可	闭塞分区内前方轨道电路占用时RBC的处理	通知地面配合试验的电务人员模拟列车运行前方轨道电路故障占用。 2. 观察现象后取消占用,经行车指挥确认后,列车发车继续试验。	机车信号显示 L5-B,RBC不作应急处理。	区间	4. 地面配合人员听从测试动车组电务添乘指挥人指令操作设备。 5. 日计划中应明确对应区段与公里标。 6. 轨道电路故障占用实现方式参考本章测试场景 13。
22	C3	行车许可	双车进路未完全解锁时RBC的处理	列车发车前,A站车站值班员办理 X_3-S_F 发车进路,待动车组 1 通知后办理 X_I-S_F 发车进路,B站车站值班员办理 X-X_4 接车进路,待动车组 1 通知后办理 X-X_I 接车进路。 1. 动车组 1 在 A 站 3G 以 C3 等级目视行车模式发车,运行至区间后行车指挥通知 A 站值班员办理 X_I-S_F 发车进路,动车组 2 在 A 站 IG 待机车信号显L3 后以 C3 等级目视行车模式发车。	1. 动车组 1 接车进路未完全解锁。 2. B 站可正常办理其他股道接车进路,RBC 发送的 MA 应能正常延伸,动车组 2 行车许可正常延伸,并运行至 B 站 IG 停车。	站内	1. 电务添乘人员提示司机按照流程操作。 2. 电务添乘人员对司机操作流程进行盯控,并做好司机操作与 DMI 显示信息记录。

续上表

序号	等级	运营场景	测试场景	场景描述	预期结果	选点要求	实施方案
22	C3	行车许可	双车进路未完全解锁时 RBC 的处理	2. 动车组 2 在 A 站 IG 待机车信号显 L3 后以 C3 等级目视行车模式发车。 3. 动车组 1 车头越过 B 站 S_4 信号机、车尾越过 B 站 3 号道岔(由司机与车站值班员共同确认)立即停车(动车组 1 未彻底进入股道)。 4. 动车组 1 行车指挥通知 B 站车站值班员动车组 1 已停稳并办理 X-X_I 接车进路。 5. 待动车组 2 在 IG 停稳后由动车组 2 行车指挥通知车站值班员动车组 2 已停稳，由车站值班员通知动车组 1 行车指挥发车，进入 4G 停车。	3. 动车组 1 驶入 B 站 4G 停车。	站内	3. 日计划中应明确开行股道。

续上表

序号	等级	运营场景	测试场景	场景描述	预期结果	选点要求	实施方案
23	C3	行车许可	双车追踪无线连接超时 RBC 的处理	A 站车站值班员办理 X_3-S_F 发车进路，待动车组 1 通知后办理 X_4-S_F 发车进路。 1. 动车组 1（前车）在 A 站 3G 以 C3 等级目视行车模式发车，运行至区间停车（距 A 站 9 个闭塞分区）。 2. 动车组 1 在区间停车后通知 A 站车站值班员办理 X_4-S_F 发车进路，动车组 2（后车）在 A 站 4G 以 C3 等级目视行车模式发车，机车信号显示 L4 时停车，通知动车组 1 行车指挥动车组 2 已停车。 3. 待动车组 2 通知后，动车组 1 行车指挥通知车上配合试验的电务人员关闭双	1. 前车极限时间无线连接超时，RBC 应能给后车正常发送 MA 信息。 2. 前车无线连接超时后进入 C2 等级完全监控模式，RBC 应能给后车正常发送 MA 信息。	区间	1. 电务添乘人员提示司机按照流程操作。 2. 车载人员按照日计划关闭双 MT 电源。 3. 电务添乘人员对司机操作流程进行盯控，并做好司机操作与 DMI 显示信息记录。 4. 日计划中，需明确公里标。

续上表

序号	等级	运营场景	测试场景	场景描述	预期结果	选点要求	实施方案
23	C3	行车许可	双车追踪无线连接超时RBC的处理	MT 电源，动车组 1 提示无线超时后立刻恢复双 MT 电源，司机不确认进入 C2 等级，动车组 2 观察现象。 4. 动车组 1 恢复 C3 等级完全监控模式后，关闭动车组 1 双 MT 电源，无线超时后司机确认进入 C2 等级。 5. 动车组 2 观察现象，经行车指挥确认后，列车继续试验。	1. 前车极限时间无线连接超时，RBC 应能给后车正常发送 MA 信息。 2. 前车无线连接超时后进入 C2 等级完全监控模式，RBC 应能给后车正常发送 MA 信息。	区间	1. 电务添乘人员提示司机按照流程操作。 2. 车载人员按照日计划关闭双 MT 电源。 3. 电务添乘人员对司机操作流程进行盯控，并做好司机操作与 DMI 显示信息记录。 4. 日计划中，需明确公里标。
24	C3	行车许可	列车数据不确认时RBC的处理	列车在 A 站发车前。 在任务开始阶段，司机输入列车数据后不确认。	车载设备未接收到来自监督 RBC 发送的行车许可。	站内	1. 电务添乘人员提示司机按照流程操作。 2. 电务添乘人员对司机操作流程进行盯控，并做好司机操作与 DMI 显示信息记录。 3. 日计划中应明确列车数据。

续上表

序号	等级	运营场景	测试场景	场景描述	预期结果	选点要求	实施方案
25	C3	行车许可	允许信号引导转完全时RBC的处理	B站车站值班员办理 X_3-S_F 发车进路，C站车站值班员办理 X-X_3-S_F 通过进路。 1. 列车在B站以C3等级目视行车模式或完全监控模式发车，列车运行至区间后行车指挥通知地面配合试验的电务人员模拟C站岔区轨道电路故障，再通知C站车站值班员办理 X-X_3-S_F 通过进路（引导接、正常发）。 2. 列车继续运行通过C站 X_3 信号机。	1. 机车信号显示HB码且DMI提示“引导”确认，手动确认后，进入C3等级引导模式。 2. 车载转为C3等级完全监控模式。	站内	1. 电务添乘人员提示司机按照流程操作。 2. 电务添乘人员对司机操作流程进行盯控，并做好司机操作与DMI显示信息记录。 3. 车间干部到地面现场盯控。 4. 地面配合人员听从测试动车组电务添乘指挥人指令操作设备。 5. 日计划中应明确对应区段与公里标。 6. 轨道电路故障占用实现方式参考本章测试场景13。
26	C3	行车许可、降级运行	RBC初始化	列车以C3等级完全监控模式进入B站停车（距出站信号机100 m左右）。	1. 重启驾驶台后无法注册列车。	站内/区间	1. 电务添乘人员提示司机按照流程操作。

续上表

序号	等级	运营场景	测试场景	场景描述	预期结果	选点要求	实施方案
26	C3	行车许可、降级运行	RBC 初始化	1. 由行车指挥通知地面配合试验的电务人员断开列车所在 RBC 与 TSRS 通信(断 TSRS 侧),断开后重启列车所在 RBC,重启驾驶台后注册列车,观察现象。 2. 恢复列车所在 RBC 与 TSRS 通信,选择 C3 等级再次呼叫列车所在 RBC,列车以 C3 等级目视行车模式发车。	2. 列车由 C3 等级目视行车模式转入完全监控模式。	站内	2. 电务添乘人员对司机操作流程进行盯控,并做好司机操作与 DMI 显示信息记录。 3. 该场景在 RBC 机房操作,需要电务段与通号公司(中国铁路通信信号股份有限公司,下同)共同确认配合。 4. 将 TSRS 与安全数据网断开实现 RBC 与 TSRS 通信(断 TSRS 侧)场景,操作时应注意确认 TSRS 编号。 5. 通号公司派技术人员协助 RBC 工区人员完成 TSRS 的通信中断与恢复工作。

地点:RBC 机房。

实现方式:将 TSRS 与安全数据网断开实现 RBC 与 TSRS 通信(断 TSRS 侧)。

操作流程:断开机械室 TSRS 主机柜 ESW1-4 口、ESW2-4 口。

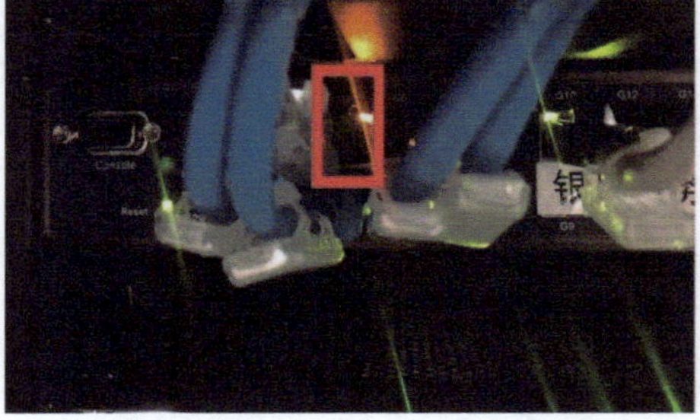

续上表

序号	等级	运营场景	测试场景	场景描述	预期结果	选点要求	实施方案
27	C3	行车许可	出站过程无线连接超时 RBC 的处理	A 站车站值班员办理 X_3-S_F 发车进路，B 站车站值班员办理 X-X_I-S_F 通过进路。 列车在 A 站以 C3 等级目视行车模式发车，列车过 B 站 S_F 信号机前，设置无线连接超时（拔天线或短时间关闭双 MT 后恢复），列车运行至 1LQG，待进路自动解锁后恢复无线连接。	车载保持 C3 等级完全监控模式，RBC 不采取任何安全措施。	站内/1LQG	1. 电务添乘人员提示司机按照流程操作，并做好司机操作与 DMI 显示信息记录。 2. 电务添乘人员采用拔天线操作方式实现场景。
28	C3	行车许可	引导模式RBC的处理	A 站车站值班员办理 X_3-S_F 发车进路，B 站车站值班员办理 X-X_3-S_F 通过进路。 1. 列车在 A 站以 C3 等级目视行车模式发车，列车运行至区间后	1. 列车以 C3 等级完全监控模式运行至 B 站接近区段，机车信号显示 HUS 且 DMI 提示“引导”确认，手动确认后，进入 C3 等级引导模式。	站内/1LQG/站内具备引导发车功能的车站	1. 电务添乘人员提示司机按照流程操作。 2. 电务添乘人员对司机操作流程进行盯控，并做好司机操作与 DMI 显示信息记录。 3. 车间干部到地面现场盯控。

续上表

序号	等级	运营场景	测试场景	场景描述	预期结果	选点要求	实施方案
28	C3	行车许可	引导模式 RBC 的处理	行车指挥通知地面配合试验的电务人员模拟 B 站岔区轨道电路故障，再通知 B 站车站值班员办理 $X-X_3-S_F$ 通过进路。(引导接、引导发)。 2. 列车继续运行通过 B 站一离去通过信号机。	2. 车载转为 C3 等级完全监控模式。	站内/1LQG/站内具备引导发车功能的车站	4. 地面配合人员听从测试动车组电务添乘指挥人指令操作设备。 5. 日计划中应明确对应岔区与公里标。 6. 轨道电路故障占用实现方式参考本章测试场景 13。
29	C3	行车许可	车头距出站信号小于 250 m RBC 的处理	A 站办理 $S-S_4$ 接车进路。 列车在 A 站机外以 C3 等级目视行车模式发车，运行至 4G 后停车(车头距出站信号机小于 250 m)，重启驾驶台注册列车选择 C3 等级目视行车模式，行车指挥通知 A 站车站值班员办理 S_4-X_F 发车进路。	1. 办理侧线发车进路后，由 C3 等级目视行车模式转为 C3 等级完全监控模式。 2. 列车发车继续试验。	站内	1. 电务添乘人员提示司机按照流程操作。 2. 电务添乘人员对司机操作流程进行盯控，并做好司机操作与 DMI 显示信息记录。 3. 日计划应明确停车公里标。

续上表

序号	等级	运营场景	测试场景	场景描述	预期结果	选点要求	实施方案
30	C3	行车许可	车头距出站信号大于250 m RBC的处理	A站办理S-S_4接车进路。 列车在A站机外以C3等级目视行车模式发车,待列车全列进入4G后立即停车(此时车头距出站信号机大于250 m),重启驾驶台注册列车选择C3等级目视行车模式,行车指挥通知A站车站值班员办理S_4-X_F发车进路。	1. 办理侧线发车进路后,由C3等级目视行车模式转为C3等级引导监控模式。 2. 列车发车继续试验。	站内	1. 电务添乘人员提示司机按照流程操作。 2. 电务添乘人员对司机操作流程进行盯控,并做好司机操作与DMI显示信息记录。 3. 日计划中应明确停车公里标。
31	C3	行车许可	进路故障后MA的处理	A站车站值班员办理X_3-S_F发车进路,B站车站值班员办理X-X_3接车进路。 1. 列车以C3等级目视行车模式在A站发车,运行至B站X进站信号机前停车,行车指挥通知B站配	1. 接车信号关闭,机车信号UU/UUS-HU,MA缩短至X进站信号机处。	站内	1. 电务添乘人员提示司机按照流程操作。 2. 电务添乘人员对司机操作流程进行盯控,并做好司机操作与DMI显示信息记录。 3. 车间干部到地面现场盯控。

续上表

序号	等级	运营场景	测试场景	场景描述	预期结果	选点要求	实施方案
31	C3	行车许可	进路故障后 MA 的处理	合试验的电务人员设置岔区轨道电路故障占用。 2. 行车指挥通知 B 站车站值班员办理 B 站 $X-X_4$ 接车进路，列车发车继续试验。	2. MA 延伸至 X_4 信号机处。	站内	4. 地面配合人员听从测试动车组电务添乘指挥人指令操作设备。 5. 日计划中应明确对应区段与公里标。 6. 轨道电路故障占用实现方式参考本章测试场景 13。
32	C3	行车许可	办理总取消后 MA 的处理	A 站车站值班员办理 X_3-S_F 发车进路，B 站车站值班员办理 X-X_3-S_F 通过进路。 1. 列车以 C3 等级目视行车模式在 A 站发车，机车信号显示 L4 时立即停车，行车指挥通知 B 站车站值班员办理总取消。 2. 重新办理 X-X_3-S_F 通过进路，经行车指挥确认后，列车继续试验。	1. 办理总取消后 MA 缩短。 2. MA 延伸，列车继续运行。	站内/区间	1. 电务添乘人员提示司机按照流程操作。 2. 电务添乘人员对司机操作流程进行盯控，并做好司机操作与 DMI 显示信息记录。

续上表

序号	等级	运营场景	测试场景	场景描述	预期结果	选点要求	实施方案
33	C3	行车许可	办理总人解后 MA 的处理	A 站车站值班员办理 X_3-S_F 发车进路，B 站车站值班员办理 X-X_3-S_F 通过进路。 1. 列车以 C3 等级目视行车模式在 A 站发车，运行至 B 站进站信号机前停车，行车指挥通知 B 站车站值班员办理总人解。 2. 重新办理 X-X_3-S_F 通过进路，经行车指挥确认后，列车继续试验。	1. MA 缩短。 2. MA 延伸，列车继续运行。	站内/接近区段	1. 电务添乘人员提示司机按照流程操作。 2. 电务添乘人员对司机操作流程进行盯控，并做好司机操作与 DMI 显示信息记录。
34	C3	行车许可	RBC 发送 CEM	B 站车站值班员办理 X_3-S_F 发车进路。 1. 列车在 B 站以 C3 等级目视行车模式或完全监控模式发车，运行至区间停车，由行车指挥通知地面	1. 通号 RBC 发送 CEM(有条件紧急停车)、SMA，铁科院和和利时 RBC 发送 CEM 后追加 UEM。	区间	1. 电务添乘人员提示司机按照流程操作。 2. 电务添乘人员对司机操作流程进行盯控，并做好司机操作与 DMI 显示信息记录。

续上表

序号	等级	运营场景	测试场景	场景描述	预期结果	选点要求	实施方案
34	C3	行车许可	RBC 发送 CEM	配合试验的电务人员模拟列车前方紧邻闭塞分区故障占用。 2. 取消占用。	2. 经行车指挥确认后，列车可继续运行。	区间	3. 车间干部到地面现场盯控。 4. 地面配合人员听从测试动车组电务添乘指挥人指令操作设备。 5. 日计划中应明确对应区段与公里标。 6. 轨道电路故障占用实现方式参考本章测试场景 13。
35	C3	行车许可	RBC 发送 UEM	B 站车站值班员办理 X_3-S_F 发车进路。 1. 列车在 B 站以 C3 等级目视行车模式或完全监控模式发车，运行至灾害区段后停车，由行车指挥通知地面配合试验的电务人员激活灾害区段。 2. 司机确认 TR 模式。	1. 车载设备接受 UEM，转入冒进（TR）模式。 2. 车载设备转入冒进后（PT）模式，恢复灾害区段，经行车指挥确认后，司机选择 OS 模式，列车继续运行。	区间/存在灾害区段	1. 电务添乘人员提示司机按照流程操作。 2. 日计划中明确规定灾害区段。 3. 电务添乘人员对司机操作流程进行盯控，并做好司机操作与 DMI 显示信息记录。

续上表

序号	等级	运营场景	测试场景	场景描述	预期结果	选点要求	实施方案
地点:机械室。 操作人员:电务地面配合人员。 处理流程:室内配合人员在组合架找到 YWJX 继电器,拔出继电器设置场景。					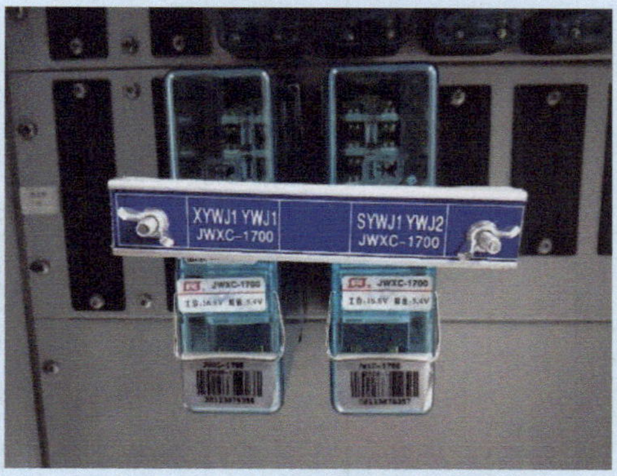 		
36	C3	行车许可	非管辖范围列车冒进后RBC的处理	A 站车站值班员办理 X_3-S_F 发车进路后取消。 1. 在任务开始阶段呼叫非管辖 RBC,列车以 C3 等级目视行车模式运行过 X_3 出站应答器组后。 2. 进入 PT 模式后重新呼叫非管辖 RBC。	1. 车载设备断开与 RBC 的连接,并转入 TR 模式,司机确认 TR 模式转入 PT 模式。 2. 车载设备与 RBC 建立连接后断开,后司机选择目视行车模式继续行车。	站内	1. 电务添乘人员对司机操作流程进行盯控,并做好司机操作与 DMI 显示信息记录。 2. 日计划中应明确试验站,RBC 号码。
37	C3	行车许可	RBC 分配坐标系	A、B 两站间存在连续两组单应答器组,A 站车站值班员办理 X_3-S_F 发车进路。	过两组单应答器组后列车可正常转入 C3 等级完全监控模式。	区间/存在连续两组单应答器组	1. 电务添乘人员对司机操作流程进行盯控,并做好司机操作与 DMI 显示信息记录。

续上表

序号	等级	运营场景	测试场景	场景描述	预期结果	选点要求	实施方案
37	C3	行车许可	RBC分配坐标系	列车在A站以C3等级目视行车模式发车，运行至两组单应答器组前停车，重启ATP注册列车，列车以C3等级目视行车模式运行，过两组单应答器组。	过两组单应答器组后列车可正常转入C3等级完全监控模式。	区间/存在连续两组单应答器组	2. 选取站点需要明确两组单应答器公里标。
38	C3	行车许可	设置TSR后RBC的处理	A站车站值班员办理X_3-S_F发车进路。 列车在A站以C3等级目视行车模式发车，运行至区间停车（公里标：距离TSR1小于5 km），行车指挥通知调度员设置区间TSR1、TSR2（两个临时限速相距2 km）。	设置临时限速后，车载设备重新计算控车曲线，DMI显示两个临时限速图标，列车继续运行，C3等级完全监控模式运行中可正常执行TSR1、TSR2。	区间	1. 电务添乘人员对司机操作流程进行盯控，并做好司机操作与DMI显示信息记录。 2. 日计划中应明确TSR长度及公里标。 3. ××电务段在铁路局集团公司调度指挥中心安排配合人员配合调度员设置临时限速，做好配合工作。

续上表

序号	等级	运营场景	测试场景	场景描述	预期结果	选点要求	实施方案
39	C3	行车许可	无线连接超时 RBC 的处理	A 站车站值班员办理 X_3-S_F 发车进路。 1. 列车在 A 站以 C3 等级目视行车模式发车，待列车贴线运行后关闭双 MT 电源（避开分相）。 2. 列车停车后司机确认进入 C2 级，并恢复双 MT。	1. 无线连接超 DMI 提示司机确认进入 C2 等级，司机不确认车载设备制动到停车，通信会话始终未再建立，车载设备停止尝试建立连接。 2. 停车后确认后进入 C2 等级完全监控模式，经行车指挥确认后，列车继续运行。	区间	电务车载添乘人员对司机操作流程进行盯控，并做好司机操作与 DMI 显示信息记录。
40	C3	行车许可、降级运行	出站口通信会话管理测试	A 站车站值班员办理 X_3-S_F 发车进路，后续车站正线通过进路自动触发。 1. 列车在 A 站以 C2 等级部分监控模式发车，列车越过等级转换。 2. 断开双 MT 电源。	1. 车载设备进入 C3 等级完全监控模式。 2. 无线连接超时后车载设备断开与 RBC 的连接；RBC 注销列车，CTC 注销列车。	区间/C2 至 C3 等级转换点	1. 电务车载添乘人员对司机操作流程进行盯控，并做好司机操作与 DMI 显示信息记录。

续上表

序号	等级	运营场景	测试场景	场景描述	预期结果	选点要求	实施方案
40	C3	行车许可、降级运行	出站口通信会话管理测试	3. 车载设备降入 C2 等级完全监控模式后恢复双 MT 电源。 4. 列车以 C2 等级继续运行，后续车站相同操作直至运行到终点站。	3. 列车过 B 站出站口后，呼叫 RBC 且与 RBC 建立连接，列车过等级转换点转为 C3 等级完全监控模式。	区间/C2 至 C3 等级转换点	2. 日计划应明确试验站
41	C3	行车许可	码序校验-1	A 站车站值班员办理 X_3-S_F 发车进路，B 站车站值班员办理 X-X_3-S_F 通过进路。 1. 列车在 A 站以 C3 等级目视行车模式发车转入完全模式，运行通过 L3 至 LU 码区段。 2. 列车运行至 U2S 区段时司机控速 10 km/h，行车指挥通知 B	1. 车载在 L3-LU 码下执行码序校验。 2. 机车信号由 U2S/U2 变为 U 进行码序校验，DMI 语音提示“注意停车”，文本提示“与 C2 行车许可不一致”。 3. 机车信号由 UUS/UU 变为 HU 进行码序校验，DMI 语音提示“注意停车”	区间	1. 电务车载添乘人员对司机操作流程进行盯控，并做好司机操作与 DMI 显示信息记录。

续上表

序号	等级	运营场景	测试场景	场景描述	预期结果	选点要求	实施方案
41	C3	行车许可	码序校验-1	站车站值班员取消 $X\text{-}X_3\text{-}S_F$ 通过进路，观察现象。 3. 行车指挥通知 B 站车站值班员重新办理 $X\text{-}X_3\text{-}S_F$ 通过进路，列车继续运行至 UUS 码区段时，司机控速 10 km/h，再次取消 $X\text{-}X_3\text{-}S_F$ 通过进路，观察现象。	文本提示“与 C2 行车许可不一致”；行车指挥通知 B 站车站值班员重新办理 $X\text{-}X_3\text{-}S_F$ 通过进路，列车继续运行。	区间	2. 日计划中需明确具体要求。
42	C3	行车许可	码序校验-2	A 站车站值班员办理 $X_4\text{-}S$ 发车进路，B 站车站值班员办理 $X_F\text{-}X_{II}$ 接车进路。 1. 列车在 A 站以 C3 等级目视行车模式发车，反向运行机车信号显示 L3 时在区间应答器组前停车。	1. 机车信号由 LU 变为 U 进行码序校验，车载设备触发最大常用制动，列车速度降低到 80 km/h 后自动缓解，并以最高允许速度 80 km/h 继续运行，DMI 语音提示“注意停车”，文本提示“C2 非完全监控”。	区间/站内/停车位置至 B 站间无中继站	1. 电务车载添乘人员对司机操作流程进行盯控，并做好司机操作与 DMI 显示信息记录。

续上表

序号	等级	运营场景	测试场景	场景描述	预期结果	选点要求	实施方案
42	C3	行车许可	码序校验-2	2. 重启 ATP 注册列车后，以 C3 等级目视行车模式继续运行，前方转入完全监控模式。	2. 机车信号由 U 变为 HU 进行码序校验，车载设备触发最大常用制动，当列车速度降低到 40 km/h 后自动缓解，以最高允许速度 40 km/h 继续运行，DMI 语音提示“注意停车”，文本提示“C2 非完全监控”。	区间/站内/停车位置至 B 站间无中继站	2. 日计划中需明确具体要求。
43	C3	行车许可	码序校验-3	B 站车站值班员办理 X-X_3 接车进路。 列车在 B 站 X 信号机外以 C3 等级目视行车模式发车，进入 B 站 3G 停车，B 站车站值班员暂不开放出站信号，行车指挥通知地面配合试验的电务人员关闭列车所在股道的发码盒，观察现象。	机车信号由 HU 变为 H，车载设备转入冒进模式并输出。	站内	1. 电务添乘人员对司机操作流程进行盯控，并做好司机操作与 DMI 显示信息记录。 2. 电务人员按照日计划中规定的区段提前做好准备。 3. 车间干部到现场盯控。 4. 电务段地面设置场景人员听从试验列车电务指挥人要求进行操作。

续上表

<table>
<tr><th>序号</th><th>等级</th><th>运营场景</th><th>测试场景</th><th>场景描述</th><th>预期结果</th><th>选点要求</th><th>实施方案</th></tr>
<tr><td colspan="5">测试地点：机械室。
测试人员：地面电务配合人员。
测试方法：关闭股道发码盒。
测试流程：找到机械室室内 QY 柜后面发送器主备断路器开关（站内轨道区段与区间轨道区段所对应 QY 柜不一致），断开对应轨道区段发送器主备断路器开关。</td><td colspan="3">
</td></tr>
<tr><td>44</td><td>C3</td><td>行车许可</td><td>模式转换—待机转引导</td><td>B 站车站值班员办理 X-X_3 接车进路。
列车在 B 站 X 信号机外以 C3 等级目视行车模式发车，进入 B 站 3G 停车（车头距出站信号机 100 m 左右），重启驾驶台，重新注册列车进入待机模式，通知车站办理 X_3-S_F 引导发车进路，司机按压启动键。</td><td>控车模式由 C3 待机模式转为 C3 等级引导模式。</td><td>站内/站内具备引导发车功能的车站</td><td>电务添乘人员对司机操作流程进行盯控，并做好司机操作与 DMI 显示信息记录。</td></tr>
</table>

续上表

序号	等级	运营场景	测试场景	场景描述	预期结果	选点要求	实施方案
45	C3	行车许可	模式转换—目视行车转引导模式不确认	A 站车站值班员办理 X_3-S_F 发车进路，B 站车站值班员待通知后办理 X-X_3 引导接车进路。 1. 列车在 A 站以 C3 等级目视行车模式发车前，正向运行至 HU 码区段立即停车，行车指挥通知 B 站车站值班员办理 X-X_3 引导接车进路，重启驾驶台注册列车后，列车以 C3 等级目视行车模式继续运行。 2. 司机不确认。	1. 车载设备转入引导模式，DMI 上提示"引导"确认。 2. 车载设备输出最大常用制动。	区间/站内	电务添乘人员对司机操作流程进行盯控，并做好司机操作与 DMI 显示信息记录。
46	C3	行车许可	冒进 EOA(行车许可终点）后转入冒进模式	A 站车站值班员办理 X_3-S_F 发车进路。 列车在 A 站以 C3 等级	车载设备转入冒进模式	区间	1. 电务添乘人员提示司机按照流程操作。 2. 电务添乘人员对司机操作流程进行盯控，并做

续上表

序号	等级	运营场景	测试场景	场景描述	预期结果	选点要求	实施方案
46	C3	行车许可	冒进EOA(行车许可终点)后转入冒进模式	目视行车模式发车，列车以C3等级完全监控模式在区间贴线运行至某闭塞分区末端，由行车指挥通知地面配合试验的电务人员模拟列车前方非紧邻闭塞分区(间隔2个闭塞分区)占用，确保列车进入该闭塞分区，观察现象后选择C3等级目视行车模式发车继续试验。	车载设备转入冒进模式	区间	好司机操作与DMI显示信息记录。 3. 车间干部到地面现场盯控。 4. 地面配合人员听从测试动车组电务添乘指挥人指令操作设备。 5. 日计划中应明确对应区段与公里标。 6. 具体操作参考本章测试场景13。
47	C3	行车许可	目视行车模式转入冒进模式	列车在A站S信号机外发车前，由行车指挥通知地面配合试验的电务人员断开室内S信号机有源应答器LEU电缆。	车载设备转入冒进模式	区间/站内	1. 电务添乘人员对司机操作流程进行盯控，并做好司机操作与DMI显示信息记录。 2. 车间干部到地面现场盯控。

续上表

序号	等级	运营场景	测试场景	场景描述	预期结果	选点要求	实施方案
47	C3	行车许可	目视行车模式转入冒进模式	行车指挥通知 A 站车站值班员办理 S-S_4 接车进路，列车以 C3 等级目视行车模式发车，运行通过进站应答器组，观察现象。	车载设备转入冒进模式	区间/站内	3. 地面配合人员听从测试动车组电务添乘指挥人指令操作设备。
测试地点：机械室。 测试人员：地面电务配合人员。 测试方法：关闭 LEU 电源。 操作流程：断开列控 LEU 机柜后侧对应 LEU 空开。  							
48	C3	行车许可	执行无条件紧急停车后转入冒进模式	通号公司 RBC、铁科院 RBC、和利时 RBC：A 站车站值班员办理 X_3-S_F 发车进路，A、B 两站间存在灾害区段。	1. 车载设备由目视行车模式转入冒进模式。	区间/存在灾害区段	1. 电务段明确激活灾害防护区段的方法。 2. 对灾害防护继电器进行操作，完成该场景（具体操作见本章测试场景 35）。

续上表

序号	等级	运营场景	测试场景	场景描述	预期结果	选点要求	实施方案
48	C3	行车许可	执行无条件紧急停车后转入冒进模式	1. 列车在A站以C3等级目视行车模式发车，运行至灾害区段立即停车（防止进入TAF区），司机选择目视行车模式，由行车指挥通知地面配合试验的电务人员激活灾害区段。 2. 恢复灾害区段，司机确认冒进模式，车载转入冒后模式，司机选择目视后重启驾驶台，重新注册列车进入C3等级待机模式，由行车指挥通知地面配合试验的电务人员，再次激活灾害区段。	2. 车载设备由待机模式转入冒进模式；司机确认冒进模式，车载进入冒后模式后，恢复灾害区段，选择目视行车模式继续运行。	区间/存在灾害区段	3. 按照日计划中规定的区段提前做好准备，车间干部到场盯控，电务添乘人员做好配合，并对ATP现象做好记录工作。

续上表

序号	等级	运营场景	测试场景	场景描述	预期结果	选点要求	实施方案
49	C3	行车许可	引导模式 RBC 的处理	A 站车站值班员办理 X_3-S_F 引导发车进路。 1. 列车在 A 站以 C3 等级目视行车模式发车，转为 C3 等级引导模式后司机修改车次号，列车越过 S_F 信号机后立即停车。 2. 由行车指挥通知地面配合试验的电务人员模拟列车前方紧邻闭塞分区故障占用，观察现象后，列车发车继续试验。	1. DMI 显示公里标信息。 2. 车载设备触发紧急制动停车，DMI 显示紧急停车消息图标。	区间/站内	1. 电务添乘人员提示司机按照流程操作。 2. 电务添乘人员对司机操作流程进行盯控，并做好司机操作与 DMI 显示信息记录。 3. 车间干部到地面现场盯控。 4. 地面配合人员听从测试动车组电务添乘指挥人指令操作设备。 5. 日计划中应明确对应区段与公里标。 6. 模拟闭塞分区故障占用方法参考本章测试场景 13。
50	C3	行车许可	正确的速度值及进路预告	A 站车站值班员办理 X_3-S_F 发车进路，B 站车站值班员办理 X-X_I-S_F 通过进路，C 站车站值班员办理	列车过 C 站 X 进站信号机时，DMI 上显示允许速度为 80 km/h。	B 站与 C 站距离在一个 MA 范围内	1. 电务添乘人员对司机操作流程进行盯控，并做好司机操作与 DMI 显示信息记录。

续上表

序号	等级	运营场景	测试场景	场景描述	预期结果	选点要求	实施方案
50	C3	行车许可	正确的速度值及进路预告	X-$X_Ⅰ$-S_F 通过进路，B站距C站小于20 km。 列车以C3等级目视行车模式在A站发车，运行至B站X进站信号机前停车，行车指挥通知C站车站值班员分别通过“按压始终端按钮强制执行”和“修改进路序列”两种方式（各测试一次），将C站X-$X_Ⅰ$-S_F 通过进路变更为X-X_3-S_F 通过进路，列车发车。	列车过C站X进站信号机时，DMI上显示允许速度为80 km/h。	B站与C站距离在一个MA范围内	2. 日计划中应明确停车公里标。
51	C3	行车许可	由远及近依次占用三个闭塞分区，MA正确缩短	1. 列车以C3等级完全监控模式运行至区间停车，行车指挥通知地面配合试验的电务人员模	1. 机车信号L5-L2，MA缩短。 2. 机车信号L2-LU，MA再次缩短。	区间	1. 电务车载添乘人员提示司机按照流程操作。 2. 电务车载添乘人员对司机操作流程进行盯控，并做好司机操作

续上表

序号	等级	运营场景	测试场景	场景描述	预期结果	选点要求	实施方案
51	C3	行车许可	由远及近依次占用三个闭塞分区，MA 正确缩短	拟列车前方第五个闭塞分区故障占用，观察现象。 2. 行车指挥通知地面配合试验的电务人员模拟列车前方第三个闭塞分区故障占用，观察现象。 3. 行车指挥通知地面配合试验的电务人员模拟列车前方第四个闭塞分区故障占用，观察现象。	3. 机车信号无变化，MA 无变化；场景结束后恢复故障占用，列车继续运行。	区间	与 DMI 显示信息记录。 3. 车间干部到地面现场盯控。 4. 地面配合人员听从测试动车组电务添乘指挥人指令操作设备。 5. 日计划中应明确对应区段与公里标。 6. 闭塞分区故障占用实现方式参考本章测试场景 13。
52	C3	行车许可	RBC 单系故障	A、B 两站间存在 RBC 切换点，列车发车前，将列车所在 RBC 关机后单系上电。 1. 行车指挥通知 A 站车站值班员办理 X_3-S_F 发车进路，司机注册列车后选	可正常执行 RBC 移交流程。	站内、RBC 切换点	1. 电务车载添乘人员提示司机按照流程操作。 2. 电务车载添乘人员对司机操作流程进行盯控，并做好司机操作与 DMI 显示信息记录。 3. 车间干部到地面现场盯控。

续上表

序号	等级	运营场景	测试场景	场景描述	预期结果	选点要求	实施方案
52	C3	行车许可	RBC 单系故障	择 C3 等级目视行车模式发车 Z，转入完全模式后，列车运行通过 RBC 切换点。 2. 列车过 RBC 切换点后 RBC 另一系上电。	可正常执行 RBC 移交流程。	站内、RBC 切换点	4. 地面配合人员听从测试动车组电务添乘指挥人指令操作设备。

测试地点：RBC 机房。
测试人员：地面电务配合人员。
操作流程：地面电务配合人员找到 RBC 机房 RBC 主机柜某一系，双击 ctrl 选择 C1/C2，右击选择 open in terminal，输入命令 service vpu stop，再次输入 service vpu restart。

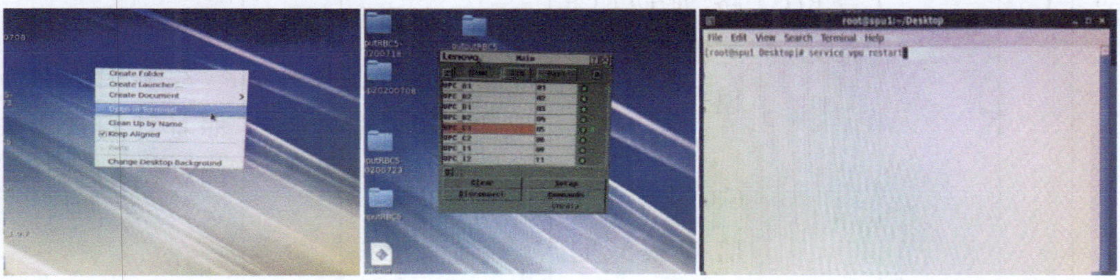

序号	等级	运营场景	测试场景	场景描述	预期结果	选点要求	实施方案
53	C3	行车许可	进路变更	B 站车站值班员暂不办理 X-X_3 接车进路。 列车以 C3 等级完全监控模式运行至 B 站 X 信号机前停车，行车指挥通知 B 站车站值班员办理 X_F-X_4 接车进路，观察现象。	列车 MA 无变化	站内	1. 电务添乘人员对司机操作流程进行盯控，并做好司机操作与 DMI 显示信息记录。 2. 日计划中应明确停车公里标。

第四节　RBC 切换

RBC 切换场景测试表

序号	等级	运营场景	测试场景	场景描述	预期结果	选点要求	实施方案
54	C3	RBC 切换	单电台 RBC 移交	A、B 两站间存在 RBC 切换点，ATP 上电前关闭 MT2 电源。 1. 行车指挥通知 A 站车站值班员办理 X_3-S_F 发车进路，列车以 C3 等级目视行车模式发车。 2. 列车以 C3 等级完全监控模式过 RBC 切换点，观察现象后，恢复 MT2，列车继续试验。	1. 移交 RBC 应能够正常完成 RBC 移交流程。 2. 接收 RBC 应能够正常完成 RBC 接收流程。	区间/存在 RBC 切换点	1. 电务添乘人员对司机操作流程进行盯控，并做好司机操作与 DMI 显示信息记录。 2. 配合人员按照日计划规定关闭双 MT 电源。
55	C3	RBC 切换	双车同时进行 RBC 移交	A 站车站值班员办理 X_3-S_F、X_4-S 发车进路，A、B 两站间存在 RBC 切换点。	双车同时进行 RBC 移交，移交 RBC 应能够正常完成 RBC 移交流程，双车同时进行 RBC 移交，接收 RBC	双车/存在 RBC 切换点	1. 电务添乘人员对司机操作流程进行盯控，并做好司机操作与 DMI 显示信息记录。

续上表

序号	等级	运营场景	测试场景	场景描述	预期结果	选点要求	实施方案
55	C3	RBC 切换	双车同时进行 RBC 移交	1. 动车组 1、动车组 2 分别在 A 站 3G、4G 以 C3 等级目视行车模式发车，运行至 RBC 切换点前停车。 2. 动车组 1 与动车组 2 同时发车进行 RBC 切换场景测试。	应能够正常完成 RBC 接收流程。	双车/存在 RBC 切换点	2. 日计划应明确 RBC 切换点公里标。
56	C3	RBC 切换	RBC 移交时同时处理多辆车移交和接收	A 站车站值班员办理 X_3-S_F 发车进路，B 站车站值班员办理 S_4-X_F 发车进路，A、B 两站间存在 RBC 切换点。 1. 动车组 1 在 A 站 3G 以 C3 等级目视行车模式发车，运行至 RBC 切换点前停车，动车组 2 在 B 站	双车同时进行 RBC 移交，移交 RBC 应能够正常完成 RBC 移交和接收，双车同时进行 RBC 移交，接收 RBC 应能够正常完成 RBC 移交和接收。	双车/存在 RBC 切换点	1. 电务添乘人员对司机操作流程进行盯控，并做好司机操作与 DMI 显示信息记录。

续上表

序号	等级	运营场景	测试场景	场景描述	预期结果	选点要求	实施方案
56	C3	RBC 切换	RBC 移交时同时处理多辆车移交和接收	4G 以 C3 等级目视行车模式发车，运行至 RBC 切换点前停车。 2. 待动车组 1、2 均到达停车位置后，两列车同时发车越过 RBC 切换点，观察现象后，列车继续试验。	双车同时进行 RBC 移交，移交 RBC 应能够正常完成 RBC 移交和接收，双车同时进行 RBC 移交，接收 RBC 应能够正常完成 RBC 移交和接收。	双车/存在 RBC 切换点	2. 日计划应明确停车公里标。
57	C3	RBC 切换	双电台目视模式进行 RBC 移交	A 站车站值班员办理 X_3-S_F 发车进路，A、B 两站间存在 RBC 切换点。 列车在 A 站 3G 以 C3 等级目视行车模式发车，运行至 RBC 切换点前停车，司机选择目视行车模式过 RBC 切换点，观察现象后，列车继续试验。	1. 车载设备转为目视行车模式，车载设备断开与接收 RBC 的连接。 2. 越过 RBC 边界后，车载设备与接收 RBC 建立连接。 3. 双电台目视行车模式可正常执行 RBC 移交流程。	区间/存在 RBC 切换点	1. 电务添乘人员对司机操作流程进行盯控，并做好司机操作与 DMI 显示信息记录。 2. 日计划应明确停车公里标。

续上表

序号	等级	运营场景	测试场景	场景描述	预期结果	选点要求	实施方案
58	C3	RBC切换	单电台目视模式进行RBC移交	ATP上电前关闭无线电台MT2，A站车站值班员办理X_3-S_F发车进路，A、B两站间存在RBC切换点。 1. 行车指挥通知地面配合试验的电务人员模拟接收RBC首区段故障占用后，列车在A站3G以C3等级目视行车模式发车，运行至RBC切换点前停车。 2. 司机选择C3等级目视模式行车发车，观察现象。	1. ATP接收移交RBC发送的RBC切换预告和一个终点到RBC切换边界的行车许可。 2. 单电台目视行车模式可正常执行RBC移交流程。	区间/存在RBC切换点	1. 电务添乘人员提示司机按照流程操作。 2. 电务添乘人员对司机操作流程进行盯控，并做好司机操作与DMI显示信息记录。 3. 车间干部到地面现场盯控。 4. 地面配合人员听从测试动车组电务添乘指挥人指令操作设备。 5. 日计划中应明确对应区段与公里标。 6. 模拟接收RBC首区段故障占用方法参考本章测试场景13。
59	C3	RBC切换	接收RBC未初始化条件下的移交	A、B两站间存在RBC切换点，列车发车前，由行车指挥通知地面配合试验的	1. 接收RBC未初始化，车载设备MA不延伸。	区间/存在RBC切换点	1. 该场景在RBC机房操作，需要电务段与设备供应商共同确认配合。

续上表

序号	等级	运营场景	测试场景	场景描述	预期结果	选点要求	实施方案
59	C3	RBC 切换	接收 RBC 未初始化条件下的移交	电务人员断开接收 RBC 与 TSRS 的通信(断 TSRS 侧),重启接收 RBC。 1. 行车指挥通知 A 站车站值班员办理 X_3-S_F 发车进路,列车在 A 站 3G 以 C3 等级目视行车模式发车,运行至 RBC 切换点前停车。 2. 恢复接收 RBC 与 TSRS 的通信,观察现象后,列车继续试验。	2. 接收 RBC 初始化后 MA 正常延伸。	区间/存在 RBC 切换点	2. 电务添乘人员对司机操作流程进行盯控,并做好司机操作与 DMI 显示信息记录。

测试地点:RBC 机房。
测试人员:地面电务配合人员。
测试方法:1. 将 TSRS 与安全数据网断开(具体操作见本章测试场景 26);
2. 操作时应确认 TSRS 编号,设备供应商派技术人员协助 RBC 工区人员完成 TSRS 的通信中断与恢复工作。

续上表

序号	等级	运营场景	测试场景	场景描述	预期结果	选点要求	实施方案
60	C3	RBC切换	RBC移交过程MA的缩短/延伸-1	A站车站值班员办理X_3-S_F发车进路，A、B两站间存在RBC切换点。 1. 列车以C3等级目视行车模式发车在A站3G发车，当DMI显示与移交和接收RBC均正常连接时停车。 2. 由行车指挥通知地面配合试验的电务人员模拟接收RBC范围内非首个闭塞分区占用，观察现象后取消占用，观察现象后列车发车继续试验。	模拟接收RBC范围内非首个闭塞分区占用MA缩短，恢复闭塞分区占用后MA延伸。	区间/存在RBC切换点	1. 电务添乘人员对司机操作流程进行盯控，并做好司机操作与DMI显示信息记录。 2. 车间干部到地面现场盯控。 3. 地面配合人员听从测试动车组电务添乘指挥人指令操作设备。 4. 日计划中应明确对应区段与公里标。 5. 模拟接收RBC范围内非首个闭塞分区占用方法参考本章测试场景13。
61	C3	RBC切换	RBC移交过程MA的缩短/延伸-2	A、B两站间存在RBC切换点，A站车站值班员办理X_3-S_F发车进路，B站车	模拟接车进路故障后MA缩短，重新排列进路后MA延伸。	RBC切换点距离B站的距离在MA范围内	1. 电务添乘人员对司机操作流程进行盯控，并做好司机操作与DMI显示信息记录。

续上表

序号	等级	运营场景	测试场景	场景描述	预期结果	选点要求	实施方案
61	C3	RBC切换	RBC移交过程MA的缩短/延伸-2	站值班员办理X-X_{I}-S_F通过进路。 1. 列车以C3等级目视行车模式在A站3G发车，运行至RBC切换点前停车。 2. 由行车指挥通知地面配合试验的电务人员模拟B站接车进路故障后，观察现象，重新办理通过进路，观察现象后列车发车继续试验。	模拟接车进路故障后MA缩短，重新排列进路后MA延伸。	RBC切换点距离B站的距离在MA范围内	2. 车间干部到地面现场盯控。 3. 地面配合人员听从测试动车组电务添乘指挥人指令操作设备。 4. 日计划应明确开行股道。 5. 模拟B站接车进路故障场景实现方法参考本章测试场景13。
62	C3	RBC切换	RBC移交过程MA的缩短/延伸-3	A、B两站间存在RBC切换点，A站车站值班员办理X_3-S_F发车进路。 1. 列车以C3等级目视模式在A站3G发车，运行至距RBC切换点6～8 km	1. RBC移交过程，接收RBC范围内首闭塞分区占用后MA缩短。	区间/存在RBC切换点	1. 电务添乘人员对司机操作流程进行盯控，并做好司机操作与DMI显示信息记录。 2. 车间干部到地面现场盯控。 3. 地面配合人员听从测试动车组电务添乘指挥人指令操作设备。

续上表

序号	等级	运营场景	测试场景	场景描述	预期结果	选点要求	实施方案
62	C3	RBC 切换	RBC 移交过程 MA 的缩短/延伸-3	停车，由行车指挥通知地面配合试验的电务人员模拟接收 RBC 范围内首区段占用，观察现象。 2. 取消占用，观察现象，列车发车继续运行。	2. 恢复闭塞分区占用 MA 延伸。	区间/存在 RBC 切换点	4. 日计划应明确开行股道、对应区段及停车公里标。 5. 进路故障场景实现方法参考本章测试场景 13。
63	C3	RBC 切换	RBC 切换点临时限速	A、B 两站间存在 RBC 切换点，列车发车前，由行车指挥通知调度员设置跨 RBC 切换点的临时限速。 1. 行车指挥通知 A 站车站值班员办理 X_3-S_F 发车进路，列车以 C3 等级目视行车模式在 A 站 3G 发车。 2. 列车以 C3 等级完全监控模式运行通过 RBC 切换点，观察现象后列车继续试验。	DMI 显示临时限速信息，车载设备正常执行临时限速信息。	区间/存在 RBC 切换点	1. 电务添乘人员对司机操作流程进行盯控，并做好司机操作与 DMI 显示信息记录。 2. 日计划中需明确 RBC 切换点公里标。

续上表

序号	等级	运营场景	测试场景	场景描述	预期结果	选点要求	实施方案
64	C3	RBC切换	RBC移交点临时限速的更新和取消	A、B两站间存在RBC切换点，列车发车前，由行车指挥通知调度员设置接收RBC范围内第三、第四闭塞分区临时限速。 1. 行车指挥通知A站车站值班员办理X_3-S_F发车进路，列车以C3等级目视行车模式在A站3G发车。 2. 列车以C3等级完全监控模式运行至RBC切换点前停车，由行车指挥通知地面配合试验的电务人员模拟接收RBC范围内第四个闭塞分区占用，观察现象。 3. 行车指挥通知地面配合试验的电务人员模拟接收RBC范围内第三个闭塞分区占用，列车发车继续运行至MA终点后停车，取消占用后列车发车继续试验。	1. 行车许可缩短至不再完全覆盖临时限速区域，发送更新的临时限速命令。 2. 行车许可缩短至不再覆盖临时限速区域，发送取消临时限速命令。	区间/存在RBC切换点	1. 电务添乘人员对司机操作流程进行盯控，并做好司机操作与DMI显示信息记录。 2. 车间干部到地面现场盯控。 3. 地面配合人员听从测试动车组电务添乘指挥人指令操作设备。 4. 日计划中应明确对应区段与公里标。 5. 模拟闭塞分区占用操作参考本章测试场景13。

续上表

序号	等级	运营场景	测试场景	场景描述	预期结果	选点要求	实施方案
65	C3	RBC 切换	RBC 移交时无线连接超时的处理	A、B 两站间存在 RBC 切换点，A 站车站值班员办理 X_3-S_F 发车进路。 1. 列车以 C3 等级目视行车模式在 A 站 3G 发车。 2. 列车以 C3 等级完全监控模式运行至距 RBC 切换点前 300 m 左右，由行车指挥通知车载厂家或集成商断开双 MT 电源，无线超时后未转入 C2 等级立刻恢复，观察现象后列车继续试验。	RBC 移交时无线连接超时恢复后可正常接管列车，无线连接超时触发最大常用制动后恢复。	区间/存在 RBC 切换点	1. 电务段车载专业按照日计划要求对试验列车 MT 电台进行关闭，确认状态。 2. 电务添乘人员对司机操作流程进行盯控，并做好司机操作与 DMI 显示信息记录。
66	C3	RBC 切换	单电台取消 RBC 移交	A、B 两站间存在 RBC 切换点，ATP 上电前断开 MT2 电源。	移交 RBC 检测到移交取消，向接收 RBC 发送取消消息，移交取消车载设备 MA 缩短。	区间/存在 RBC 切换点	1. 电务添乘人员对司机操作流程进行盯控，并做好司机操作与 DMI 显示信息记录。

续上表

序号	等级	运营场景	测试场景	场景描述	预期结果	选点要求	实施方案
66	C3	RBC切换	单电台取消RBC移交	1. 行车指挥通知A站车站值班员办理X_3-S_F发车进路，列车以C3等级目视行车模式在A站3G发车。 2. 列车以C3等级完全监控模式运行至RBC切换点前停车（公里标：距RBC切换点3个闭塞分区）。 3. 行车指挥通知地面配合试验的电务人员模拟移交RBC末区段占用，观察现象后恢复移交RBC末区段占用，恢复MT2，列车继续试验。	移交RBC检测到移交取消，向接收RBC发送取消消息，移交取消车载设备MA缩短。	区间/存在RBC切换点	2. 车间干部到地面现场盯控。 3. 地面配合人员听从测试动车组电务添乘指挥人指令操作设备。 4. 日计划中应明确对应区段与公里标。 5. 模拟移交RBC末区段占用方法参考本章测试场景13。
67	C3	RBC切换	双电台取消RBC移交	A、B两站间存在RBC切换点，行车指挥通知A站车站值班员办理X_3-S_F发车进路。	移交RBC检测到移交取消，向接收RBC发送取消消息，移交取消车载设备MA缩短。	区间/存在RBC切换点	1. 电务添乘人员对司机操作流程进行盯控，并做好司机操作与DMI显示信息记录。 2. 车间干部到地面现场盯控。

续上表

序号	等级	运营场景	测试场景	场景描述	预期结果	选点要求	实施方案
67	C3	RBC 切换	双电台取消 RBC 移交	1. 列车以 C3 等级目视行车模式在 A 站 3G 发车，运行至 RBC 切换点前停车（公里标：距 RBC 切换点 3 个闭塞分区）。 2. 行车指挥通知地面配合试验的电务人员模拟移交 RBC 末区段占用，观察现象后恢复移交 RBC 末区段占用，列车继续试验。	移交 RBC 检测到移交取消，向接收 RBC 发送取消消息，移交取消车载设备 MA 缩短。	区间/存在 RBC 切换点	3. 地面配合人员听从测试动车组电务添乘指挥人指令操作设备。 4. 日计划中应明确对应区段与停车公里标。 5. 模拟移交 RBC 末区段占用方法参考本章测试场景 13。
68	C3	RBC 切换	RBC 移交过程处理 CEM（有条件紧急停车消息）—取消移交	A、B 两站间存在 RBC 切换点，行车指挥通知 A 站车站值班员办理 X_3-S_F 发车进路。 1. 列车以 C3 等级目视行车模式在 A 站 3G 发车，当 DMI 显示车载设备与移交和接收 RBC 均正常连接时停车。	车载设备接受 RBC 发送的 CEM，RBC 移交流程取消。	区间/存在 RBC 切换点	1. 电务添乘人员对司机操作流程进行盯控，并做好司机操作与 DMI 显示信息记录。 2. 车间干部到地面现场盯控。 3. 地面配合人员听从测试动车组电务添乘指挥人指令操作设备。 4. 日计划中应明确对应区段与公里标。

续上表

序号	等级	运营场景	测试场景	场景描述	预期结果	选点要求	实施方案
68	C3	RBC 切换	RBC 移交过程处理 CEM（有条件紧急停车消息）—取消移交	2. 由行车指挥通知地面配合试验的电务人员模拟移交 RBC 范围内列车前方紧邻闭塞分区占用，观察现象后取消占用，列车继续试验。	车载设备接受 RBC 发送的 CEM，RBC 移交流程取消。	区间/存在 RBC 切换点	5. 模拟移交 RBC 范围内列车前方紧邻闭塞分区占用方法参考本章测试场景 13。
69	C3	RBC 切换	列车注销—取消移交	A、B 两站间存在 RBC 切换点，行车指挥通知 A 站车站值班员办理 X_3-S_F 发车进路。 1. 列车以 C3 等级目视行车模式在 A 站 3G 发车，当 DMI 显示车载设备与移交和接收 RBC 均正常连接时停车。 2. 重启驾驶台，观察现象后列车继续试验。	RBC 移交流程取消。	区间/存在 RBC 切换点	电务添乘人员对司机操作流程进行盯控，并做好司机操作与 DMI 显示信息记录。

续上表

序号	等级	运营场景	测试场景	场景描述	预期结果	选点要求	实施方案
70	C3	RBC 切换	列车降为 C2 等级—移交取消	A、B 两站间存在 RBC 切换点，行车指挥通知 A 站车站值班员办理 X_3-S_F 发车进路。 1. 列车以 C3 等级目视行车模式在 A 站 3G 发车，当 DMI 显示车载设备与移交和接收 RBC 均正常连接时停车。 2. 手动选择 C2 等级，观察现象后列车继续试验。	RBC 移交流程取消。	区间/存在 RBC 切换点	电务添乘人员对司机操作流程进行盯控，并做好司机操作与 DMI 显示信息记录。
71	C3	RBC 切换	无线超时—移交取消	A、B 两站间存在 RBC 切换点，行车指挥通知 A 站车站值班员办理 X_3-S_F 发车进路。 1. 列车以 C3 等级目视行车模式在 A 站 3G 发车，当 DMI 显示车载设备与移交和接收 RBC 均正常连接时停车。	RBC 移交流程取消。	区间/存在 RBC 切换点	1. 电务段车载专业按照日计划要求对试验列车 MT 电台进行关闭，确认状态。

续上表

序号	等级	运营场景	测试场景	场景描述	预期结果	选点要求	实施方案
71	C3	RBC 切换	无线超时—移交取消	2. 关闭双 MT 电源，无线连接超时，司机确认后进入 C2 等级，观察现象后列车继续试验。	RBC 移交流程取消。	区间/存在 RBC 切换点	2. 电务添乘人员对司机操作流程进行盯控，并做好司机操作与 DMI 显示信息记录。
72	C3	RBC 切换	移交 RBC 与联锁通信中断	A、B 两站间存在 RBC 切换点，行车指挥通知 A 站车站值班员办理 X_3-S_F 发车进路。 1. 列车以 C3 等级目视行车模式在 A 站 3G 发车，当 DMI 显示车载设备与移交和接收 RBC 均正常连接时停车。 2. 由行车指挥通知地面配合试验的电务人员断开移交 RBC 与 A 站 CBI 通信（断 CBI 侧），观察现象后恢复移交 RBC 与 A 站 CBI 通信，列车继续试验。	RBC 应采取安全措施。	区间/存在 RBC 切换点	1. 电务添乘人员对司机操作流程进行盯控，并做好司机操作与 DMI 显示信息记录。 2. 车间干部到地面现场盯控。 3. 地面配合人员听从测试动车组电务添乘指挥人指令操作设备。

续上表

序号	等级	运营场景	测试场景	场景描述	预期结果	选点要求	实施方案
测试地点：机械室。 测试人员：地面电务配合人员。 操作流程：断开联锁主机柜逻辑部以太网板4根网线。  							
73	C3	RBC 切换	接收 RBC 与 MA 范围内联锁通信中断	A、B 两站间存在 RBC 切换点，行车指挥通知 A 站车站值班员办理 X_3-S_F 发车进路。 1. 列车以 C3 等级目视行车模式在 A 站 3G 发车，当 DMI 显示车载设备与移交和接收 RBC 均正常连接时停车。 2. 由行车指挥通知地面配合试验的电务人员断开接收 RBC 与 B 站 CBI 通信（断 CBI 侧），观察现象后恢复接收 RBC 与 B 站 CBI 通信，列车继续试验。	RBC 应采取安全措施。	区间/存在 RBC 切换点	1. 电务添乘人员对司机操作流程进行盯控，并做好司机操作与 DMI 显示信息记录。 2. 车间干部到地面现场盯控。 3. 地面配合人员听从测试动车组电务添乘指挥人指令操作设备。 4. 断开接收 RBC 与 B 站 CBI 通信（断 CBI 侧）方法见本章测试场景 72。

续上表

序号	等级	运营场景	测试场景	场景描述	预期结果	选点要求	实施方案
74	C3	RBC 切换、降级情况	接收 RBC 与 MA 范围外联锁通信中断	行车指挥通知 A 站车站值班员办理 X_3-S_F 发车进路。 1. 列车以 C3 等级目视行车模式在 A 站 3G 发车，当 DMI 显示车载设备与移交和接收 RBC 均正常连接时停车。 2. 由行车指挥通知地面配合试验的电务人员断开接收 RBC 与 C 站 CBI 通信（断 CBI 侧），观察现象后恢复接收 RBC 与 C 站 CBI 通信，列车继续试验。	RBC 不采取安全措施。	A、B 站间存在 RBC 切换点/RBC 切换点距离 C 站的距离不在 MA 范围内/B、C 站同属一个 RBC 管辖	1. 电务添乘人员对司机操作流程进行盯控，并做好司机操作与 DMI 显示信息记录。 2. 车间干部到地面现场盯控。 3. 地面配合人员听从测试动车组电务添乘指挥人指令操作设备。 4. 断开接收 RBC 与 B 站 CBI 通信（断 CBI 侧）方法见本章测试场景 72。
75	C3	RBC 切换	单电台 FS 模式下，RBC 移交失败	A、B 两站间存在 RBC 切换点，ATP 上电前断开 MT2 电源。 1. 行车指挥通知 A 站车站值班员办理 X_3-S_F 发车进路，列车以 C3 等级目视行车模式在 A 站 3G 发车。	RBC 移交流程取消。	区间/存在 RBC 切换点	1. 电务段车载专业按照日计划要求对试验列车 MT 电台进行关闭，确认状态。

续上表

序号	等级	运营场景	测试场景	场景描述	预期结果	选点要求	实施方案
75	C3	RBC 切换	单电台 FS 模式下，RBC 移交失败	2. 当列车经过 RBC 切换点时（DMI 显示车载设备与移交 RBC 断开连接），断开 MT1 电源，列车以 C2 等级继续试验。	RBC 移交流程取消。	区间/存在 RBC 切换点	2. 电务添乘人员对司机操作流程进行盯控，并做好司机操作与 DMI 显示信息记录。
76	C3	RBC 切换、降级情况	RBC 与相邻 RBC 通信故障	A、B 两站间存在 RBC 切换点，行车指挥通知 A 站车站值班员办理 X_3-S_F 发车进路。 1. 列车以 C3 等级目视行车模式在 A 站 3G 发车，当 DMI 显示车载设备与移交和接收 RBC 均正常连接时停车。 2. 由行车指挥通知地面配合试验的电务人员断开移交 RBC 与接收 RBC 通信（断接收 RBC 侧）。 3. 观察现象后恢复移交 RBC 与接收 RBC 通信，由行车指挥确认没有问题后，列车继续运行。	RBC 提示报警，移交 RBC 与车载设备断开，接收 RBC 停止向移交 RBC 发送消息，取消移交。	区间/存在 RBC 切换点	1. 电务段添乘人员按照日计划要求关闭试验列车 MT 电台，确认状态。 2. 电务添乘人员对司机操作流程进行盯控，并做好司机操作与 DMI 显示信息记录。 3. 车间干部到地面现场盯控。 4. 地面配合人员听从测试动车组电务添乘指挥人指令操作设备。

续上表

<table>
<tr><th>序号</th><th>等级</th><th>运营场景</th><th>测试场景</th><th>场景描述</th><th>预期结果</th><th>选点要求</th><th>实施方案</th></tr>
<tr><td colspan="8">测试地点：RBC 机房。
测试人员：地面电务配合人员。
操作流程：断开 RBC 机房 RBC 主机柜 ESW1-4 口、ESW2-4 口。
 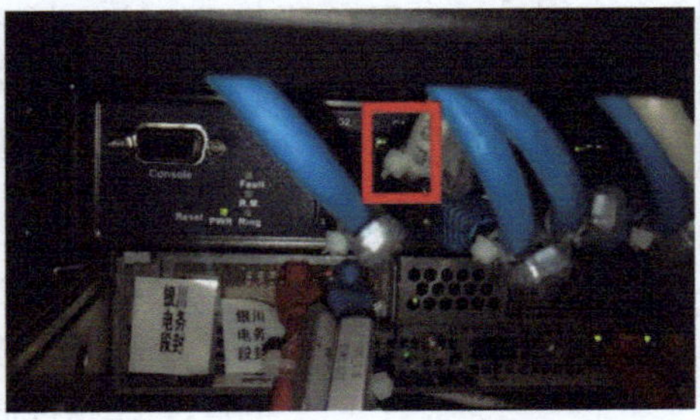</td></tr>
<tr><td>77</td><td>C3</td><td>RBC 切换</td><td>RBC 移交过程中修改车次号</td><td>A、B 两站间存在 RBC 切换点，行车指挥通知 A 站车站值班员办理 X_3-S_F 发车进路。
1. 列车以 C3 等级目视行车模式在 A 站 3G 发车，当 DMI 显示车载设备与移交和接收 RBC 均正常连接时停车。
2. 司机手动修改车次号后观察现象，列车继续试验。</td><td>RBC 移交过程中可正常修改车次号。</td><td>区间/存在 RBC 切换点</td><td>1. 电务添乘人员对司机操作流程进行盯控，并做好司机操作与 DMI 显示信息记录。
2. 日计划中应明确试验站和开行股道。</td></tr>
</table>

续上表

序号	等级	运营场景	测试场景	场景描述	预期结果	选点要求	实施方案
78	C3	RBC 切换	RBC 移交时进路变更	A、B 两站间存在 RBC 切换点，列车发车前办理 B 站 X-X_3-S_F 通过进路。 1. 列车以 C3 等级完全监控模式运行至 RBC 切换点前停车。 2. 行车指挥通知 B 站车站值班员取消 X-X_3-S_F 通过进路，办理 X-X_I-S_F 通过进路，列车继续运行。	列车过 B 站 X 进站信号机时，DMI 上显示允许速度为线路固定限速。	RBC 切换点距离 B 站的距离在 MA 范围内	1. 电务添乘人员对司机操作流程进行盯控，并做好司机操作与 DMI 显示信息记录。 2. 日计划中应明确停车公里标。

第五节　临时限速

临时限速场景测试表

序号	等级	运营场景	测试场景	场景描述	预期结果	选点要求	实施方案
79	C3	临时限速	C2 至 C3 等级转换点临时限速	A、B 两站间存在 C2 至 C3 等级转换点，列车发车前，由行车指挥通知调度员设置跨 C2 至 C3 等级转换点临时限速。	列车在 C2 至 C3 等级转化过程中可正常执行临时限速。	区间/C2 至 C3 等级转换点	1. ××电务段派人在铁路局集团公司调度指挥中心配合调度员设置限速。

续上表

序号	等级	运营场景	测试场景	场景描述	预期结果	选点要求	实施方案
79	C3	临时限速	C2至C3等级转换点临时限速	行车指挥通知A站车站值班员办理X_3-S_F发车进路，列车以C2等级部分监控模式在A站3G发车，列车运行通过C2至C3等级转换点时观察现象。	列车在C2至C3等级转化过程中可正常执行临时限速。	区间/C2至C3等级转换点	2. 电务添乘人员对司机操作流程进行盯控，并做好司机操作与DMI显示信息记录。 3. 日计划中，需明确限速起始里程。
80	C3	临时限速	RBC取消临时限速	A、B两站间存在RBC切换点，列车发车前，由行车指挥通知调度员设置跨RBC切换点临时限速。 行车指挥通知A站车站值班员办理X_3-S_F发车进路，列车以C3等级目视行车模式在A站3G发车；当DMI显示车载设备与移交和接收RBC	RBC移交时可正常取消临时限速。	区间	1. ××电务段派人在铁路局集团公司调度指挥中心配合调度员设置限速。 2. 电务添乘人员对司机操作流程进行盯控，并做好司机操作与DMI显示信息记录。

续上表

序号	等级	运营场景	测试场景	场景描述	预期结果	选点要求	实施方案
80	C3	临时限速	RBC 取消临时限速	均正常连接且执行跨 RBC 切换点临时限速时停车，由行车指挥通知调度员取消跨 RBC 切换点的临时限速，观察现象后列车继续试验。	RBC 移交时可正常取消临时限速。	区间	3. 日计划中，需明确限速起始里程。
81	C3	临时限速	双车临时限速的设置与取消	A、B 两站间存在 RBC 切换点，列车发车前，由行车指挥通知调度员设置全线范围内多个正线临时限速。 1. 动车组 1 行车指挥通知 A 站值班员办理 X_3-S_F 发车进路，B 站值班员办理 X-X_I-S_F 通过进路，C 站车站值班员办理 X-X_3 接车进路，动车组 1 以 C3 等级目视行车模式在 A 站 3G 发车，运至 C 站 3G 停车。	1. 双车可正常执行临时限速。 2. 双车可正常执行取消临时限速。	区间	1. ××电务段派人在铁路局集团公司调度指挥中心配合调度员设置限速。 2. 电务添乘人员对司机操作流程进行盯控，并做好司机操作与 DMI 显示信息记录。 3. 日计划中，需明确限速起始里程。

续上表

序号	等级	运营场景	测试场景	场景描述	预期结果	选点要求	实施方案
81	C3	临时限速	双车临时限速的设置与取消	2. 动车组2行车指挥通知A站值班员办理X_4-S发车进路，B站值班员办理X_F-X_{II}-S通过进路，C站车站值班员办理X_F-X_4接车进路，动车组2以C3等级目视行车模式在A站4G发车，运行至C站4G停车。 3. 双车运行至A和B站之间的区间时，行车指挥通知调度员取消前方的某个临时限速。	1. 双车可正常执行临时限速。 2. 双车可正常执行取消临时限速。	区间	1. ××电务段派人在铁路局集团公司调度指挥中心配合调度员设置限速。 2. 电务添乘人员对司机操作流程进行盯控，并做好司机操作与DMI显示信息记录。 3. 日计划中，需明确限速起始里程。
82	C3	临时限速	临时限速—里程系转换点	A、B两站间存在里程系转换点，列车发车前，由行车指挥通知调度员设置跨里程系转换点临时限速。	正常执行里程系转换点限速。	区间/存在里程系转换点	1. ××电务段派人在铁路局集团公司调度指挥中心配合调度员设置限速。 2. 电务添乘人员对司机操作流程进行盯控，并做好司机操作与DMI显示信息记录。

续上表

序号	等级	运营场景	测试场景	场景描述	预期结果	选点要求	实施方案
82	C3	临时限速	临时限速—里程系转换点	行车指挥通知 A 站车站值班员办理 X_3-S_F 发车进路，列车以 C3 等级目视行车模式在 A 站 3G 发车，完全模式下，列车过里程系转换点时观察现象。	正常执行里程系转换点限速。	区间/存在里程系转换点	3. 日计划中，需明确限速起始里程。
83	C3	临时限速	临时限速—侧线进路	列车发车前，暂不设置 B 站侧 3 区限速。 1. A 站车站值班员办理 X_3-S_F 发车进路，B 站车站值班员办理 X-X_3-S_F 通过进路，列车以 C3 等级目视行车模式在 A 站 3G 发车，列车运行至 B 站 X 进站信号机前停车，行车指挥通知调度员设置 B 站侧 3 区限速，列车发车通过 3G。 2. 越过限速区段后列车继续试验。	在侧线接车区段正常执行侧区限速。	站内	1. ××电务段派人在铁路局集团公司调度指挥中心配合调度员设置限速。 2. 电务添乘人员对司机操作流程进行盯控，并做好司机操作与 DMI 显示信息记录。 3. 日计划中，需明确限速起始里程。

续上表

序号	等级	运营场景	测试场景	场景描述	预期结果	选点要求	实施方案
84	C3	临时限速	临时限速—正线	列车发车前，由行车指挥通知调度员设置B站站内正线（进站至出站口）限速。 1. A站车站值班员办理 X_3-S_F 发车进路，B站车站值班员办理X-X_I-S_F 通过进路，列车以C3等级目视行车模式在A站3G发车。 2. 列车正常运行至限速区段时观察现象，越过限速区段后列车继续试验。	按照限速公里标范围执行限速。	站内	1. ××电务段派人在铁路局集团公司调度指挥中心配合调度员设置限速。 2. 电务添乘人员对司机操作流程进行盯控，并做好司机操作与DMI显示信息记录。 3. 日计划中，需明确限速起始里程。
85	C3	临时限速	临时限速—其他	A、B两站间存在C3至C2等级转换点，列车发车前，由行车指挥通知调度员设置跨C3至C2等级转换点临时限速。	列车在C3至C2等级转化过程中可正常执行临时限速。	区间/C3至C2等级转换点	1. ××电务段派人在铁路局集团公司调度指挥中心配合调度员设置限速。 2. 电务添乘人员对司机操作流程进行盯控，并做好司机操作与DMI显示信息记录。

续上表

序号	等级	运营场景	测试场景	场景描述	预期结果	选点要求	实施方案
85	C3	临时限速	临时限速—其他	1. 行车指挥通知A站车站值班员办理X_3-S_F发车进路，列车以C3等级目视行车模式在A站3G发车。 2. 列车过C3至C2等级转换点时观察现象。	列车在C3至C2等级转化过程中可正常执行临时限速。	区间/C3至C2等级转换点	3. 日计划中，需明确限速起始里程。
				A、B两站间存在台界/局界/TSRS边界，列车发车前，由行车指挥通知调度员设置跨台界/局界/TSRS边界临时限速。 1. 行车指挥通知A站车站值班员办理X_3-S_F发车进路，列车以C3等级目视行车模式在A站3G发车。 2. 列车过台界/局界/TSRS边界时观察现象。	正常执行限速	区间/存在台界/局界/TSRS边界	1. ××电务段派人在铁路局集团公司调度指挥中心配合调度员设置临时限速，做好配合工作。 2. 电务添乘人员对司机操作流程进行盯控，并做好司机操作与DMI显示信息记录。 3. 日计划中，需明确限速起始里程。

续上表

序号	等级	运营场景	测试场景	场景描述	预期结果	选点要求	实施方案
85	C3	临时限速	临时限速—其他	B站存在大号码道岔，列车发车前，由行车指挥通知调度员设置大号码道岔离去区段临时限速。 行车指挥通知A站车站值班员办理 X_3-S_F 发车进路，B站车站值班员办理大号码通过进路，列车以C3等级目视行车模式在A站3G发车，列车过大号码道岔时观察现象。测试范围无大号码道岔。	正常执行限速	区间/大号码道岔	1. ××电务段派人在铁路局集团公司调度指挥中心配合调度员设置限速。 2. 电务添乘人员对司机操作流程进行盯控，并做好司机操作与DMI显示信息记录。 3. 日计划中，需明确限速起始里程。

第六节 调车作业

调车作业场景测试表

序号	等级	运营场景	测试场景	场景描述	预期结果	选点要求	实施方案
86	C3	调车作业	调车作业—区间	A站车站值班员办理 X_3-S_F 发车进路。	RBC拒绝调车	区间	1. 电务添乘人员对司机操作流程进行盯控，并做好司机操作与DMI显示信息记录。

续上表

序号	等级	运营场景	测试场景	场景描述	预期结果	选点要求	实施方案
86	C3	调车作业	调车作业—区间	1. 列车以 C3 等级目视模式在 A 站 3G 发车，越过 S_F 信号机后停车，司机手动选择调车模式。 2. 观察现象后列车继续试验。	RBC 拒绝调车	区间	2. 日计划应明确停车公里表。
87	C3	调车作业	调车作业—站内且位置已知	B 站车站值班员办理 X-X_3 接车进路。 1. 列车以 C3 等级完全监控模式进入 B 站 3G 停车，司机手动进入调车模式。 2. 通知 B 站值班员办理 X_3-S_F 发车进路，列车以 C3 等级调车模式发车。 3. 越过 S_F 进站信号机处有源应答器组后停车，观察现象后列车继续试验。	1. RBC 允许调车，车载设备进入调车模式。 2. 调车模式下 RBC 不向车载设备发送行车许可。 3. 调车模式下接受应答器信息包【E132】，转入冒进模式，触发紧急制动停车。	站内	1. 电务添乘人员对司机操作流程进行盯控，并做好司机操作与 DMI 显示信息记录。 2. 日计划应明确停车公里表。

续上表

序号	等级	运营场景	测试场景	场景描述	预期结果	选点要求	实施方案
88	C3	调车作业	调车作业—站内且位置未知	A站车站值班员办理X_3-S_F发车进路。 ATP上电后注册列车进入待机模式(位置未知),司机手动选择调车,观察现象后继续试验。	RBC拒绝调车	站内	1. 电务添乘人员对司机操作流程进行盯控,并做好司机操作与DMI显示信息记录。 2. 日计划应明确停车公里表。
89	C3	调车作业	调车作业—待机或冒后	B站车站值班员办理X-X_3接车进路。 1. 列车以C3等级完全监控模式进入B站3G停车后,暂不办理B站发车进路,重启驾驶台注册列车进入C3等级待机模式,司机手动进入调车模式,观察现象后手动退出调车模式。 2. 手动退出调车模式,选择C3等级重新注册列车	1. RBC允许调车,车载设备由待机模式进入调车模式。 2. 车载转入冒进模式,紧急制动停车。	站内	1. 电务添乘人员对司机操作流程进行盯控,并做好司机操作与DMI显示信息记录。

续上表

序号	等级	运营场景	测试场景	场景描述	预期结果	选点要求	实施方案
89	C3	调车作业	调车作业—待机或冒后	后以目视行车模式继续运行，过出站应答器组。 3. 司机确认后进入冒后模式，手动进入调车模式。	3. RBC 允许调车，车载设备由冒后模式进入调车模式。	站内	2. 日计划应明确停车公里表。

第七节　降级情况

降级情况场景测试表

序号	等级	运营场景	测试场景	场景描述	预期结果	选点要求	实施方案
90	C3	降级情况	RBC 删除列车并通知 CTC	A、B 两站间存在 C2 至 C3 等级转换点，A 站车站值班员办理 X_3-S_F 发车进路。 列车以 C2 等级部分监控模式在 A 站 3G 发车，列车通过 C2 至 C3 等级转换点。提示等级转换预告后关闭双 MT 电源，观察现象，列车继续以 C2 等级完全监控模式运行。	保持 C2 等级运行，RBC 删除列车并通知 CTC。	区间/C2 至 C3 等级转换点	1. 电务段车载专业人员按照日计划要求对试验列车 MT 电台进行关闭，确认状态。 2. 电务添乘人员对司机操作流程进行盯控，并做好司机操作与 DMI 显示信息记录。

续上表

序号	等级	运营场景	测试场景	场景描述	预期结果	选点要求	实施方案
91	C3	降级情况	进路故障降级	B站车站值班员办理 X-X_3 接车进路。 列车在 B 站机外以 C3 等级目视行车模式发车，过 B 站 X 进站信号机后停车，行车指挥通知车站配合试验的电务人员设置列车所在进路故障降级（轨道区段异常占用、道岔失表示、取消进路、人工解锁等），观察现象后列车继续运行。	RBC 向车载设备发送无条件紧急停车消息，列车冒进。	站内	1. 电务添乘人员对司机操作流程进行盯控，并做好司机操作与 DMI 显示信息记录。 2. 车间干部到地面现场盯控。 3. 地面配合人员听从测试动车组电务添乘指挥人指令操作设备。 4. 日计划中应明确对应区段与公里标。 5. 轨道区段异常占用方法参考本章测试场景 13。
92	C3	降级情况	RBC 与 CBI 通信中断-1	B站车站值班员办理 X-X_3 接车进路。 1. 列车以 C3 等级完全监控模式在 B 站 3G 停车（车头距出站信号机 100 m 左右），	1. 进路无异常，DMI 上显示无线超时制动并提示司机确认进入 C2 等级（司机不确认）。	站内	1. ××电务段明确 RBC 与 CBI 通信（断 CBI 侧）方法（具体操作流程见本章测试场景 72）。

续上表

序号	等级	运营场景	测试场景	场景描述	预期结果	选点要求	实施方案
92	C3	降级情况	RBC 与 CBI 通信中断-1	行车指挥通知 B 站车站值班员办理发车进路，然后通知 B 站配合试验的电务人员断开 RBC 与 B 站 CBI 通信（断 CBI 侧），观察现象（无线连接超时，降级）。 2. 重启驾驶台，重新注册列车进入 C3 等级目视行车模式后按压启动键，观察现象（列车注销原有车次号、位置，不发送原有 MA）。 3. 恢复 RBC 和 CBI 通信（接收应答器信息后，正常转入完全模式）。	2. RBC 不向车载设备发送 MA，控车模式维持 C3 等级目视行车模式。 3. RBC 向车载设备发送 MA，控车模式转为 C3 等级完全监控模式，经行车指挥确认后，列车发车继续试验。	站内	2. 将 CBI 从安全数据网中剥离，即断开 CBI 与安全数据网连接网线。 3. 电务添乘人员做好配合，并对 ATP 现象做好记录工作。

续上表

序号	等级	运营场景	测试场景	场景描述	预期结果	选点要求	实施方案
93	C3	降级情况	RBC与CBI通信中断-2	A站车站值班员办理 X_3-S_F 发车进路。 列车在A站以C3等级目视行车模式发车，列车以C3等级完全监控模式整列越过A、B两站TCC边界后，由行车指挥通知A站配合试验的电务人员断开RBC与A站CBI的通信（断CBI侧），观察现象后恢复。	列车以C3等级完全监控模式正常运行，恢复RBC与A站CBI的通信。	区间	1. 电务添乘人员对司机操作流程进行盯控，并做好司机操作与DMI显示信息记录。 2. 车间干部到地面现场盯控。 3. 地面配合人员听从测试动车组电务添乘指挥人指令操作设备。 4. 断开接收RBC与A站CBI通信（断CBI侧）方法见本章测试场景72。
94	C3	降级情况	RBC与CBI通信中断-3	A、B两站间存在C2至C3等级转换点。 列车以C2等级部分监控模式从A站发车，在收到C2/C3等级转换预告前，行车指挥通知车站配合试验的电务人员断开RBC与A站CBI的通信（断CBI侧），由行车指挥确认后，列车发车继续试验。	列车过C2级至C3级等级转换点不执行等级转换；列车过C2至C3等级转换点后恢复RBC和A站CBI的通信。	区间	1. 电务添乘人员对司机操作流程进行盯控，并做好司机操作与DMI显示信息记录。 2. 车间干部到地面现场盯控。 3. 地面配合人员听从测试动车组电务添乘指挥人指令操作设备。 4. 断开接收RBC与A站CBI通信（断CBI侧）方法见本章测试场景72。

续上表

序号	等级	运营场景	测试场景	场景描述	预期结果	选点要求	实施方案
95	C3	降级情况	RBC 与 CBI 通信中断-4	A、B 两站间存在 C2 至 C3 等级转换点。 列车以 C2 等级部分监控模式从 A 站发车，DMI 上显示等级转换预告文本后停车，行车指挥通知车站配合试验的电务人员断开 RBC 与 A 站 CBI 的通信（断 CBI 侧），由行车指挥确认后，列车发车继续试验。	列车过 C2 级至 C3 级等级转换点不执行等级转换；列车过 C2 至 C3 等级转换点后恢复 RBC 和 A 站 CBI 的通信。	区间	1. 电务添乘人员对司机操作流程进行盯控，并做好司机操作与 DMI 显示信息记录。 2. 车间干部到地面现场盯控。 3. 地面配合人员听从测试动车组电务添乘指挥人指令操作设备。 4. 断开接收 RBC 与 A 站 CBI 通信（断 CBI 侧）方法见本章测试场景 72。
96	C3	降级情况	RBC 与 CBI 通信中断-5	B 站车站值班员办理 X-X_3 接车进路。 1. 列车以 C3 等级完全监控模式在 B 站 3G 停车后，通知车站配合试验的电务人员断开 RBC 与 B 站 CBI 的	断开 RBC 与 B 站 CBI 的通信（RBC、CBI 各断双系中的一系）后，进路无异常，列车以 C3 等级完全监控模式正常运行。	站内	1. 电务添乘人员对司机操作流程进行盯控，并做好司机操作与 DMI 显示信息记录。 2. 车间干部到地面现场盯控。

续上表

序号	等级	运营场景	测试场景	场景描述	预期结果	选点要求	实施方案
96	C3	降级情况	RBC 与 CBI 通信中断-5	通信（RBC、CBI 各断双系中的一系），然后通知 B 站车站值班员办理 X_3-S_F 发车进路，观察现象。 2. 恢复 RBC 和 CBI 的通信，由行车指挥确认后，列车发车继续试验。	断开 RBC 与 B 站 CBI 的通信（RBC、CBI 各断双系中的一系）后，进路无异常，列车以 C3 等级完全监控模式正常运行。	站内	3. RBC 机房操作时，设备供应商派员进行配合指导，并做好应急故障处置准备工作。

测试地点：RBC 机房。

测试人员：地面电务配合人员。

测试方法：在 RBC 机房内对在用 RBC 双系中的一系进行关闭（CBI 一系关闭采用关闭一系电源方法实现）。

测试流程：停止主机柜 RBC Ⅰ系服务并断开联锁主机柜逻辑部Ⅰ系以太网板 2 根网线，如下图所示。

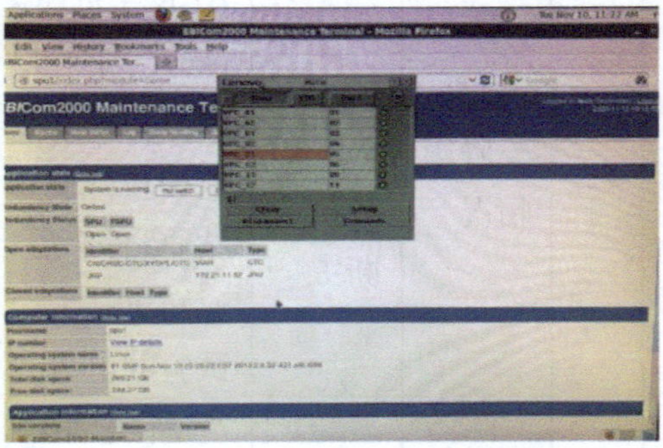

续上表

序号	等级	运营场景	测试场景	场景描述	预期结果	选点要求	实施方案
97	C3	降级情况	RBC 与 CBI 通信中断-6	B 站车站值班员办理 X-X_3、X_F-X_4 接车进路。 1. 动车组 1、动车组 2 以 C3 等级完全监控模式分别在 B 站 3G、4G 停车后，通知车站值班员办理 X_3-S_F、X_4-S 发车进路，并通知 B 站车站配合试验的电务人员断开 RBC 与 B 站 CBI 的通信（断 CBI 侧），观察现象。 2. 恢复 RBC 和 CBI 的通信，由行车指挥确认后，列车发车继续试验。	断开 RBC 与 B 站 CBI 的通信（断 CBI 侧）后，进路无异常，动车组 1 和动车组 2 的 DMI 上都显示无线超时制动并提示司机确认进入 C2 等级（司机不确认）。	站内	1. 电务添乘人员对司机操作流程进行盯控，并做好司机操作与 DMI 显示信息记录。 2. 车间干部到地面现场盯控。 3. 地面配合人员听从测试动车组电务添乘指挥人指令操作设备。 4. 断开接收 RBC 与 B 站 CBI 通信（断 CBI 侧）方法见本章测试场景 78。
98	C3	降级情况	RBC 与 CBI 通信中断-7	A、B 两站同属一个 RBC 管辖，A 站车站值班员办理 X_3- S_F、X_4-S 发车进路。 1. 动车组 1、动车组 2 分别在 A 站 3G、	动车组 1、动车组 2 在 A、B 两站 TCC 边界前停车后，断开 RBC 与 B 站 CBI 的通信（断 CBI 侧），两车的 MA 缩短至 TCC 边界。	区间	1. 电务添乘人员对司机操作流程进行盯控，并做好司机操作与 DMI 显示信息记录。 2. 车间干部到地面现场盯控。 3. 地面配合人员听从测试动车组

续上表

序号	等级	运营场景	测试场景	场景描述	预期结果	选点要求	实施方案
98	C3	降级情况	RBC与CBI通信中断-7	4G以C3等级目视行车模式发车，运行至A、B两站TCC边界前停车。 2. 待两车均停车后，由行车指挥通知车站配合试验的电务人员断开RBC与B站CBI的通信（断CBI侧），观察现象后恢复。	动车组1、动车组2在A、B两站TCC边界前停车后，断开RBC与B站CBI的通信（断CBI侧），两车的MA缩短至TCC边界。	区间	电务添乘指挥人指令操作设备。 4. 断开接收RBC与B站CBI通信（断CBI侧）方法见本章测试场景72。
99	C3	降级情况	RBC与TSRS通信中断的处理	列车发车前，由行车指挥通知调度台配合试验的电务人员设置区间限速TSRS1。 1. 列车以C3等级完全监控模式运行至TSRS1前停车，由行车指挥通知地面配合试验的电	1. 断开RBC与TSRS的通信（断TSRS侧）后，列车可正常执行TSR1。 2. 恢复RBC与TSRS的通信后，列车可正常执行TSR2。	区间	1. 该场景在RBC机房操作，需要电务段与设备供应商共同确认配合。 2. 电务添乘人员对司机操作流程进行盯控，并做好司机操作与DMI显示信息记录。

续上表

序号	等级	运营场景	测试场景	场景描述	预期结果	选点要求	实施方案
99	C3	降级情况	RBC 与 TSRS 通信中断的处理	务人员断开 RBC 与 TSRS 的通信（断 TSRS 侧），列车继续运行。 2. TSR1 执行完毕后通知地面配合试验的电务人员恢复 RBC 与 TSRS 的通信，并通知调度台配合试验的电务人员设置区间限速 TSRS2。 3. TSR2 执行完毕后通知地面配合试验的电务人员断开 RBC 与 TSRS 的通信（RBC、TSRS 各断双系中的一系），通知调度台配合试验的电务人员设置区间限速 TSRS3。 4. TSR3 执行完毕后通知地面配合试验的电务人员恢复RBC 与 TSRS 的通信。	3. 断开 RBC 与 TSRS 的通信（RBC、TSRS 各断双系中的一系），列车可正常执行 TSR3。	区间	3. 车间干部到地面现场盯控。 4. 地面配合人员听从测试动车组电务添乘指挥人指令操作设备。

续上表

<table>
<tr><th>序号</th><th>等级</th><th>运营场景</th><th>测试场景</th><th>场景描述</th><th>预期结果</th><th>选点要求</th><th>实施方案</th></tr>
<tr><td colspan="8">测试地点：RBC 机房。
测试人员：地面电务配合人员。
操作方法：在 RBC 机房内对在用 TSRS、RBC 双系中的一系进行关闭，操作时应注意确认 TSRS 编号，设备供应商派技术人员协助 RBC 工区人员完成 TSRS 的通信中断与恢复工作。
操作流程：停止主机柜 TSRS Ⅰ系服务、停止主机柜 RBC Ⅰ系服务。
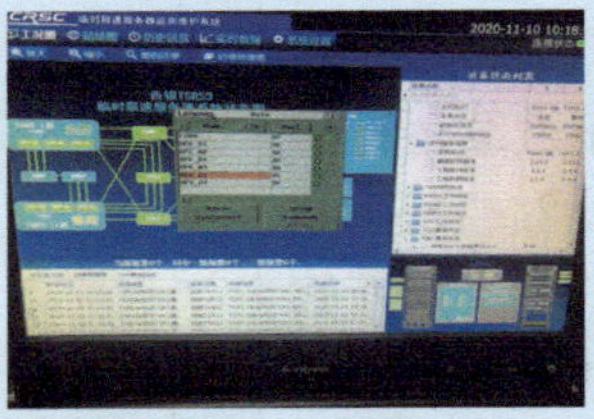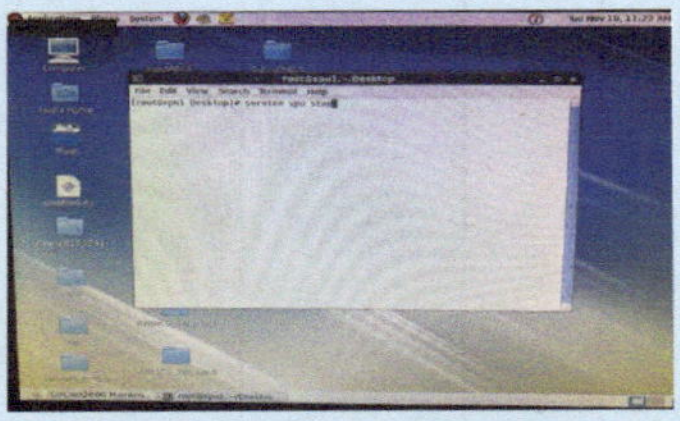
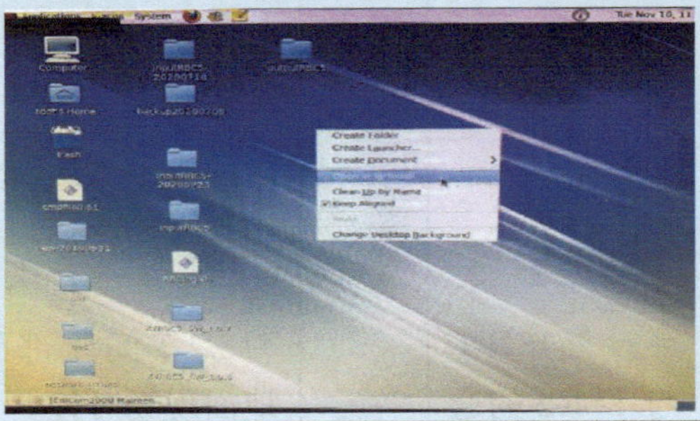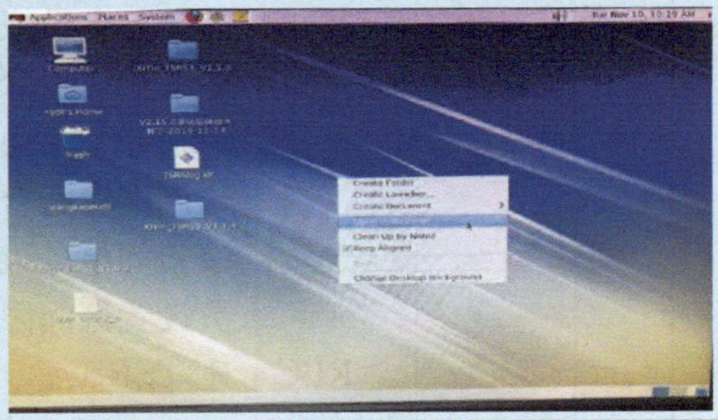</td></tr>
<tr><td>100</td><td>C3</td><td>降级情况</td><td>相邻 RBC 间单系正常通信</td><td>A 站与 B 站间存在 RBC 切换点。
1. 列车以 C3 等级完全监控模式运行，当 RBC 连接图标显示为双线时，由行车指挥通知地面配合试验的电务人员断开移交 RBC 与接收 RBC 的通信（移交 RBC、接收 RBC 各断双系中的一系），观察现象。
2. 列车越过 RBC 切换点恢复。</td><td>RBC 正常工作且列车以 C3 等级完全监控模式正常运行。</td><td>RBC 切换点</td><td>1. 该场景实现在 RBC 机房操作，需要电务段与设备供应商共同确认配合。
2. 在 RBC 机房内对在用 TSRS、RBC 双系中的一系进行关闭，操作时应注意确认 TSRS、RBC 编号。
3. 设备供应商派技术人员协助 RBC 工区人员完成 TSRS、RBC 的切换和恢复工作。</td></tr>
</table>

续上表

序号	等级	运营场景	测试场景	场景描述	预期结果	选点要求	实施方案
101	C3	降级情况	RBC 与 CTC 通信中断的处理	A 站车站值班员办理 X_3-S_F 发车进路。 1. 行车指挥通知地面配合试验的电务人员设置 RBC 和 CTC 通信中断（断 CTC 侧），司机注册列车后选择 C3 等级目视行车模式发车。 2. 列车以 C3 等级目视行车模式过 A 站 X_3 信号机后。 3. 列车运行通过 S_F 信号机后先恢复 RBC 和 CTC 通信（两系均恢复），行车指挥再次通知地面配合试验的电务人员设置 RBC 和 CTC 通信中断（RBC、CTC 各断双系中的一系），观察现象后恢复。	1. RBC 与 CTC 通信故障后可以正常注册列车。 2. 控车模式转为 C3 等级完全监控模式。 3. RBC 正常工作且列车以 C3 等级完全监控模式正常运行，CTC 正常显示车载设备信息。	站内	1. 该场景在 RBC 机房操作，需要电务段与设备供应商共同确认配合。 2. 电务添乘人员对司机操作流程进行盯控，并做好司机操作与 DMI 显示信息记录。 3. 车间干部到地面现场盯控。 4. 地面配合人员听从测试动车组电务添乘指挥人指令操作设备。 5. 断开 CTC 与 RBC 网络接口。

第八节 其他场景

其他场景测试表

序号	等级	运营场景	测试场景	场景描述	预期结果	选点要求	实施方案
102	C3	灾害防护	灾害防护	A、B两站间存在灾害防护区段，A站车站值班员办理 X_3-S_F 发车进路。 1. 列车以C3等级目视行车模式发车，运行至灾害防护区段前停车（公里标：距灾害区段间隔2～3个闭塞分区）。 2. 行车指挥通知地面配合试验的电务人员激活灾害区段，观察现象后恢复，列车发车继续试验。	激活灾害区段后MA缩短。	存在灾害区段	1. 电务段明确激活灾害防护区段的方法。对灾害防护继电器进行操作，完成该场景（具体操作见本章测试场景35）。 2. 按照日计划中规定的区段提前做好准备，车间干部到场盯控，电务添乘人员做好配合，并对ATP现象做好记录工作。

续上表

序号	等级	运营场景	测试场景	场景描述	预期结果	选点要求	实施方案
103	C3	其他	RBC 主备机切换	B 站车站值班员办理 X-3G 接车进路。 1. 列车以 C3 等级完全监控模式在 B 站 3G 停车。 2. 行车指挥通知 B 站车站值班员办理 X_3-S_F 发车进路，暂不发车。 3. 行车指挥通知 B 站车站配合试验的电务人员进行 RBC 主备机切换，切换成功后通知行车指挥，经行车指挥确认后，列车继续运行。	RBC 主备机切换成功后，进路无异常，列车以 C3 等级完全监控模式正常运行。	站内	1. 电务段做好配合，操作地点在 RBC 机房，设备供应商派人配合。 2. 电务添乘人员对司机操作流程进行盯控，并做好司机操作与 DMI 显示信息记录。 3. 车间干部到地面现场盯控。 4. 地面配合人员听从测试动车组电务添乘指挥人指令操作设备。

测试地点：RBC 机房。

测试人员：地面电务配合人员。

RBC 主备机切换流程：机械室 RBC 主机柜，网页 spu1/spu2 登录选择 home，点击 hot switch 弹出窗口选择 ok，备系 home 界面点击 confirm cold standby 弹出界面选择 ok。

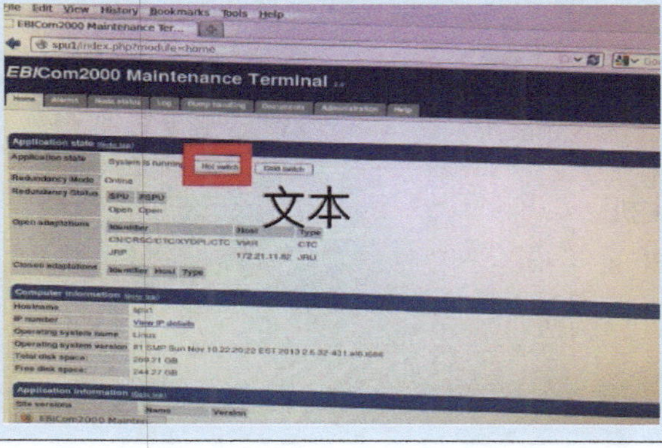

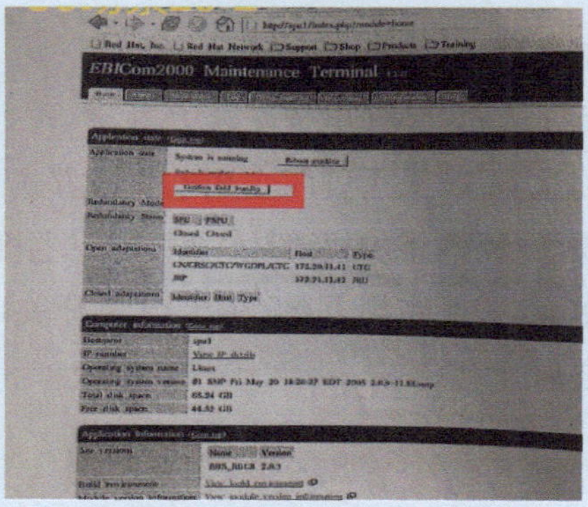

续上表

序号	等级	运营场景	测试场景	场景描述	预期结果	选点要求	实施方案
104	C3	其他	TCC 主备机切换	B 站车站值班员办理 X-3G 接车进路。 1. 列车以 C3 等级完全监控模式在 B 站 3G 停车。 2. 行车指挥通知 B 站车站值班员办理 X_3-S_F 发车进路，暂不发车。 3. 行车指挥通知 B 站车站配合试验的电务人员进行 TCC 主备机切换，切换成功后通知行车指挥，经行车指挥确认后，列车继续运行。	TCC 主备机切换成功后，进路无异常，列车以 C3 等级完全监控模式正常运行。	站内	1. 设备供应商派人配合。 2. 电务添乘人员对司机操作流程进行盯控，并做好司机操作与 DMI 显示信息记录。 3. 车间干部到地面现场盯控。 4. 地面配合人员听从测试动车组电务添乘指挥人指令操作设备。

测试地点：机械室。
测试人员：地面电务配合人员。
测试方法：采用关闭主用电源板方式。
操作流程：维护机确认主用，列控主机柜主机单元，关闭主用 F486 板卡电源开关，过 30 s 之后开启。

续上表

序号	等级	运营场景	测试场景	场景描述	预期结果	选点要求	实施方案
105	C3	其他	TSRS 主备机切换	1. 列车发车前,由行车指挥通知调度台配合试验的电务人员设置 TSR1 并验证成功后,暂不点"执行"命令,行车指挥通知调度台配合试验的电务人员进行 TSRS 主备机切换,切换完成后,点击 TSR1"执行"命令。 2. TSR1 设置成功后通知行车指挥,经行车指挥确认后,继续设置 TSR2、TSRS3,列车以 C3 等级目视行车模式在 A 站发车。	1. TSRS 主备机切换完成后,应能成功设置 TSR1。 2. 列车正常执行 TSR1、TSR2、TSR3。	区间	1. ××电务段派人在铁路局集团公司调度指挥中心配合调度员设置临时限速,做好配合工作。 2. 电务添乘人员对司机操作流程进行盯控,并做好司机操作与 DMI 显示信息记录。 3. 车间干部到地面现场盯控。 4. 地面配合人员听从测试动车组电务添乘指挥人指令操作设备。

测试地点:RBC 机房。
测试人员:地面电务配合人员。
操作流程:通过 TSRS 主机柜维护机查看主控,双击 ctrl 选择 C1/C2,右击选择 open in terminal,输入命令 service vpu restart。

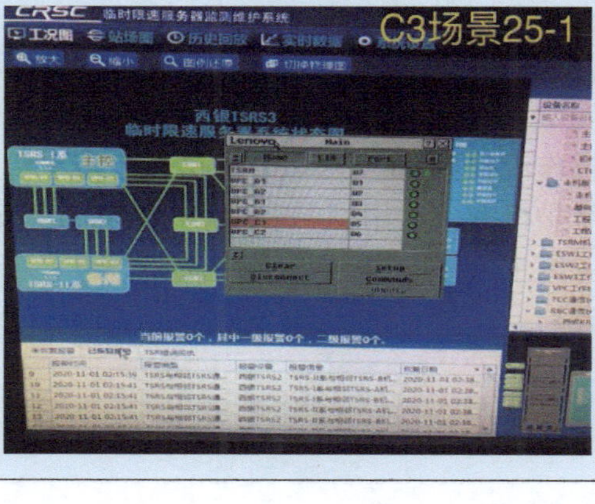

续上表

序号	等级	运营场景	测试场景	场景描述	预期结果	选点要求	实施方案
106	C3	其他	CBI 主备机切换	B 站车站值班员办理 X-3G 接车进路。 1. 列车以 C3 等级完全监控模式在 B 站 3G 停车。 2. 行车指挥通知 B 站车站值班员办理 X_3-S_F 发车进路，暂不发车。 3. 行车指挥通知 B 站车站配合试验的电务人员进行 CBI 主备机切换，切换成功后通知行车指挥，经行车指挥确认后，列车继续运行。	CBI 主备机切换成功后，进路无异常，列车以 C3 等级完全监控模式正常运行。	站内	1. 电务添乘人员对司机操作流程进行盯控，并做好司机操作与 DMI 显示信息记录。 2. 车间干部到地面现场盯控。 3. 地面配合人员听从测试动车组电务添乘指挥人指令操作设备。

测试地点：机械室。
测试人员：地面电务配合人员。
操作流程：地面电务配合人员在机械室机房维护机确认主用，联锁主机柜逻辑部单元，关闭主用 F486 板卡电源开关，过 30 s 之后开启。

续上表

序号	等级	运营场景	测试场景	场景描述	预期结果	选点要求	实施方案
107	C3	降级情况	RBC 与 GSM-R 通信中断	A、B 两站间存在 RBC 切换点。 列车以 C3 等级完全监控模式在移交 RBC 管辖范围内运行，行车指挥通知地面配合试验的电务人员断开接收 RBC 与 GSM-R 通信，列车过 RBC 切换点时观察现象。	列车过 RBC 切换点后，无线超时制动降为 C2 等级完全监控模式。	RBC 切换点	1. 电务添乘人员对司机操作流程进行盯控，并做好司机操作与 DMI 显示信息记录。 2. 车间干部到地面现场盯控。 3. 地面配合人员听从测试动车组电务添乘指挥人指令操作设备。

测试地点：机械室。

测试人员：地面电务配合人员。

操作流程：地面电务配合人员在 RBC 主机柜找到对应 isdn1、isdn2、isdn3、isdn4 服务器机柜后侧对应网口并断开。

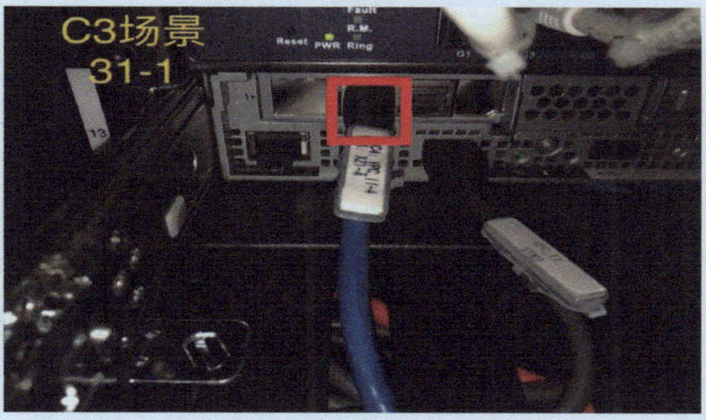

续上表

序号	等级	运营场景	测试场景	场景描述	预期结果	选点要求	实施方案
108	C3	其他	RBC 边界主备机、TSRS 主备机切换+临时限速	A、B 两站间存在 RBC 切换点，列车发车前设置接收 RBC 范围内区间限速 TSR1。 列车以 C3 等级完全监控模式运行至 RBC 切换点前停车，行车指挥通知地面配合试验的电务人员进行 RBC、TSRS 主备机切换，切换完成后列车发车继续试验。	列车正常执行 TSR1。	RBC 切换点	1. ××电务段派人在铁路局集团公司调度指挥中心配合调度员设置临时限速，做好配合工作。 2. 电务添乘人员对司机操作流程进行盯控，并做好司机操作与 DMI 显示信息记录。 3. 车间干部到地面现场盯控。 4. 地面配合人员听从测试动车组电务添乘指挥人指令操作设备。 5. 操作流程参考本章测试场景 103 和 105。

第三章 CTCS-2级列控系统场景试验配合方案

按照联调联试指挥部公布日计划场景，编制信号系统动态测试场景配合方案，各站试验人员提前掌握场景试验内容及方法，确保个人手机及GSM-R手机电量充足，提前进行联系试验。利用天窗点进行场景试验内容提前验证，发现异常提前联系联调联试指挥部电务组负责人。试验过程中按照方案流程进行联系操作，听从车上试验人员指挥。试验结束后对动过的设备复查，检查联锁、列控、CTC、监测等系统拓扑图正常，无异常报警。根据具体测试场景，逐序列编制配合实施方案。

【序列1】

<table>
<tr><td>运行进路</td><td colspan="2">第1个单程(C2级测试序列)：列车以C2等级部分监控模式在A站5G发车，经下行线正向运行，B站ⅢG通过，经××高铁下行线正向运行，C站(X-S_F)通过，经××高铁下行线正向运行，D站3G通过，经××高铁下行线正向运行，E站3G通过，经××高铁下行线正向运行，F站3G通过，经××高铁下行线正向运行，G站3G到开，经××高铁下行线正向运行，H站3G停车。</td></tr>
<tr><td rowspan="2">临时限速</td><td>场景</td><td>列车发车前设置以下临时限速，待通知后取消：
TSR1：(××高铁下行线-201)K218+000～K218+200，限速值：200 km/h。
TSR2：(××高铁下行线-203)K222+500～K222+700，限速值：200 km/h。
TSR3：(××高铁下行线-205)K228+500～K228+700，限速值：160 km/h；
TSR4：(××高铁下行线-207)K232+000～K232+200(此限速应无法下达)，限速值：160 km/h。</td></tr>
<tr><td>试验场景配合</td><td>1. 第1个序列发车前，依次执行序列1第1条至第4条限速命令。
2. 序列1的4条限速命令执行成功后，调度台试验人员使用GSM-R手机通知车上试验人员。
3. 现场试验配合人员在列控维护终端进行限速信息的查看，中继7站确认第1条、第2条，中继8站确认第3条、第4条。确认TCC限速执行成功，拍照发微信“确认TCC限速执行成功，拍照进行反馈。”</td></tr>
</table>

续上表

临时限速	试验场景配合	4. 限速命令取消操作：第 1 条限速试验完成后执行取消限速命令。第 2 条限速在序列 1 列车完全驶入限速区段后根据车上试验人员通知执行取消限速命令。第 3 条限速在序列 1 列车完全驶入限速区段后根据车上试验人员通知执行取消限速命令。第 4 条限速在序列 1 列车完全驶入限速区段后根据车上试验人员通知执行取消限速命令。 【车上试验人员】：××× ，GSM-R 号码：××××× 【调度台试验人员】×××，GSM-R 号码：××××× 【中继 7 配合人员】：×××，GSM-R 号码：××××× 【中继 8 配合人员】：×××，GSM-R 号码：×××××
测试场景	场景 1	LZ-C2-020（引导通过-3）： 1. 列车以 C2 等级完全监控模式运行至 D 站接近区段，行车指挥通知办理 D 站 X-X3-S_F 通过进路（引导接、引导发）。 2. 列车通过 D 站时测试人员观察现象。
	试验场景配合 1	现场无配合操作。
	场景 2	LZ-C2-019（引导通过-2）： 1. 列车以 C2 等级完全监控模式运行至 E 站接近区段，行车指挥通知办理 E 站 X-X3-S_F 通过进路（正常接、引导发）。 2. 列车通过 E 站时测试人员观察现象。
	试验场景配合 2	现场无配合操作。
	场景 3	LZ-C2-022（人工取消进路）： 1. 行车指挥通知办理 F 站 X-X_3-S_F 通过进路。 2. 列车以 C2 等级完全监控模式运行至区间停车（公里标：K160＋500）。 3. 行车指挥通知办理 F 站 X-X_3-S_F 通过进路总取消，测试人员观察现象。
	试验场景配合 3	现场无配合操作。

续上表

测试场景	场景 4	LZ-C2-021(人工解锁进路): 1. 行车指挥通知重新办理 F 站 X-X_3-S_F 通过进路。 2. 列车在区间发车以 C2 等级完全监控模式运行至 F 站 X 进站信号机前停车(公里标:K183+900)。 3. 行车指挥通知办理 F 站 X-X_3-S_F 通过进路总人解,测试人员观察现象。 4. 行车指挥通知重新办理 F 站 X-X_3-S_F 通过进路。 5. 列车发车继续试验。
	试验场景配合 4	现场无配合操作。
	场景 5	LZ-C2-006(模式转换—完全转引导): 1. 行车指挥通知办理 G 站 X-X_3 接车进路。 2. 列车以 C2 等级完全监控模式运行至 G 站 X 进站信号机前停车(公里标:K200+100),行车指挥通知 G 站配合试验的电务人员模拟岔区轨道电路(7DG)故障占用。 3. 模拟成功后行车指挥通知办理 G 站 X-X_3 引导接车进路,测试人员观察现象。 4. 列车继续运行至 G 站 3G 停车,行车指挥通知 G 站配合试验的电务人员恢复岔区轨道电路(7DG)故障占用,恢复后发车继续试验。
	试验场景配合 5	1. 车上试验人员确认列车在 G 站 X 进站信号机前停车(公里标:K200+100)后通知 G 站配合试验人员。 2. G 站配合试验人员接车上试验人员通知后,模拟岔区轨道电路(7DG)故障占用(分线盘 7DG 接收电缆端子短接 1F-10-01-3、1F-10-01-4),确认 7DG 故障占用状态后通知车上试验人员。 3. G 站配合试验人员接车上试验人员通知恢复后,恢复 7DG 状态,确认 7DG 故障占用消失。 【车上试验人员】:×××,GSM-R 号码:××××× 【G 站配合人员】:××× ,GSM-R 号码:×××××

续上表

测试场景	场景 6	LZ-C2-011(临时限速—同一区间多处临时限速): 过限速区段 TSR1、TSR2、TSR3,测试人员观察现象。
	试验场景配合 6	现场无配合操作。
	场景 7	LZ-C2-012(调车作业-2): 1. 行车指挥通知办理 H 站 X-X_3 接车进路。 2. 列车以 C2 等级完全监控模式进入 H 站 3G 停车后,司机选择 C2 等级调车模式继续运行,越过 X_3 信号机处应答器组观察现象。
	试验场景配合 7	现场无配合操作。

【序列 2】

运行进路	第 2 个单程(C2 级测试序列):列车以 C2 等级部分监控模式在 H 站 3G 发车,经××高铁下行线反向运行,动车尾部越过 H 站 X 信号机处有源应答器组后停车(公里标:K254+179)。	
测试场景	场景	LZ-C2-001(调车作业-1): 1. 行车指挥通知办理 H 站 S_3-X 发车进路,列车以 C2 等级调车模式在 H 站发车,测试人员观察现象。 2. 列车过 H 站 X 信号机处应答器组紧急制动停车后,列车以 C2 等级部分监控模式运行至 X 信号机外停车。
	试验场景配合	现场无配合操作。

【序列 3】

运行进路	第 3 个单程(C2 级测试序列):列车以 C2 等级部分监控模式在 H 站 X 机外发车,经××高铁下行线正向运行,H 站 3G 停车。	
测试场景	场景	无
	试验场景配合	现场无配合操作。

【序列 4】

运行进路		第 4 个单程(C2 级测试序列):列车以 C2 等级部分监控模式在 H 站 3G 发车,经××高铁上行线正向运行,G 站 4G 通过,经××高铁上行线正向运行,F 站 4G 通过,经××高铁上行线正向运行,动车尾部越过 F 站 X_F 信号机处有源应答器组后停车(公里标:K183+782)。
临时限速	场景	设置以下临时限速,本序列试验动车通过后取消: TSR1:(××高铁上行线-202)K236+500~K234+500,限速值:200 km/h。
	试验场景配合	1. 第 4 个序列列车发车前,调度台试验人员依次执行序列 4 第 1 条限速命令。使用 GSM-R 手机通知车上试验人员。 2. 中继 8 试验配合人员在列控维护终端进行限速信息的查看,确认 TCC 限速执行成功,拍照发微信"确认 TCC 限速执行成功,拍照进行反馈。" 3. 限速命令取消操作:本次试验列车通过后取消。 【车上试验人员】:××× ,GSM-R 号码:××××× 【调度台试验人员】:×××,GSM-R 号码:××××× 【中继 8 配合人员】:×××,GSM-R 号码:×××××
测试场景	场景 1	LZ-C2-011(临时限速—列车压入临时限速区段后取消): 1. 列车在 H 站发车,以 C2 等级完全监控模式运行至区间停车(公里标:K236+000)。 2. 行车指挥通知取消 TSR1。 3. 列车发车继续运行,测试人员观察现象。
	试验场景配合 1	1. 车上试验人员确认列车在上行线 K236+000 停车后,通知调度台试验人员执行取消序列 4 第 1 条限速。 2. 同时中继 8 站配合人员在列控维护终端确认,拍照发微信"高铁段联调联试交流群"。 【车上试验人员】:×××,GSM-R 号码:××××× 【调度台试验人员】:×××,GSM-R 号码:××××× 【中继 8 配合人员】:×××,GSM-R 号码:×××××
	场景 2	LZ-C2-003(默认报文-2): 1. 列车在 H 站发车前,行车指挥通知 G 站配合试验的电务人员断开 S 进站信号机和 S_4 出站信号机 LEU 与 TCC 之间的线缆。 2. 行车指挥通知办理 G 站 S-S_4-X_F 通过进路。 3. 列车运行过 G 站 S 进站信号机处应答器组测试人员观察现象。

续上表

	场景 2	4. 列车过 G 站 S_4 出站信号机处应答器组后测试人员观察现象。 5. 该场景测试结束后行车指挥通知 G 站配合试验的电务人员恢复 LEU 与 TCC 之间的线缆，列车以 C2 等级部分监控模式发车继续运行。
	试验场景配合 2	1. G 站配合试验人员接车上试验人员通知断开 LEU 通信接口单元的第一个、第二个、第三个、第四个 CI-TIU。 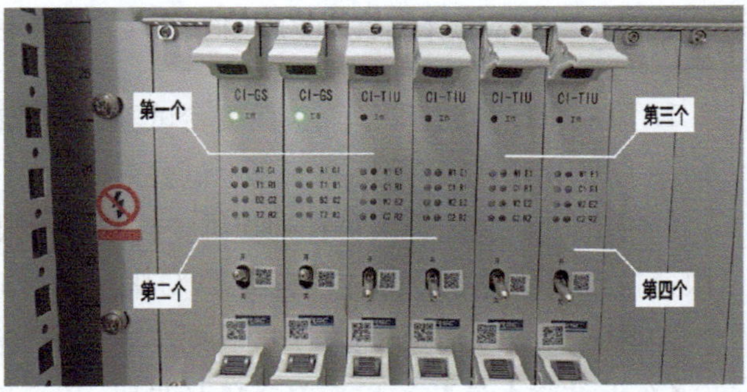 2. 使用报文读取工具在分线盘读取 S(X_4)和 S_4(X_7)报文，确认报文计数器为 0，然后通知车上试验人员。 3. 接车上试验人员通知后，恢复串口线，在分线盘读取报文确认报文计数器为 255。 【车上试验人员】：×××，GSM-R 号码：××××× 【G 站配合人员】：×××，GSM-R 号码：×××××
测试场景	场景 3	LZ-C2-002(默认报文-1)： 1. 行车指挥通知 F 站配合试验的电务人员断开 S 进站信号机和 S_4 信号机有源应答器与 LEU 之间的线缆。 2. 行车指挥通知办理 F 站 S-S_4-X_F 通过进路。 3. 列车以 C2 等级完全监控模式过 F 站 S 进站信号机处应答器组时测试人员观察现象。 4. 列车过 F 站 S_4 出站信号机处应答器组时测试人员观察现象。 5. 该场景测试结束后行车指挥通知 F 站配合试验的电务人员恢复 S 进站信号机和 S_4 信号机有源应答器与 LEU 之间的线缆。
	试验场景配合 3	1. F 站配合试验人员接车上试验人员通知断开有源应答器与 LEU 线缆后(拔出列控机柜 0 层 X_4、X_7 万科端子)，断开列控中心主控柜背面 LEU1、LEU2、LEU3 空开。

续上表

<table>
<tr><td>测试场景</td><td>试验场景配合 3</td><td>
2. 使用报文读取工具在分线盘读取 S(X_4)和 S_4(X_7)报文，确认报文无法读取，然后通知车上试验人员。
3. 接车上试验人员通知后，插上有源应答器与 LEU 线缆，合上 3 个 LEU 空开，在分线盘读取报文确认报文计数器为 255。
【车上试验人员】：×××，GSM-R 号码：×××××
【F 站配合人员】：×××，GSM-R 号码：×××××</td></tr>
</table>

【序列 5】

<table>
<tr><td>运行进路</td><td colspan="2">第 5 个单程(C2 级测试序列)：列车以 C2 等级部分监控模式在 F 站 X_F 机外发车，经××高铁上行线反向运行，F 站 4G 到开，经××高铁上行线反向运行，G 站 4G 到开，经××高铁上行线反向运行，H 站 4G 停车。</td></tr>
<tr><td rowspan="3">测试场景</td><td>场景 1</td><td>LZ-C2-010(模式转换—目视转部分)：
1. 行车指挥通知办理 F 站 X_F-X_4 引导接车进路。
2. 列车在 F 站 4G 停车后，司机选择进入 C2 等级目视行车模式。</td></tr>
<tr><td>试验场景配合 1</td><td>现场无配合操作。</td></tr>
<tr><td>场景 2</td><td>LZ-C2-016(TCC 主备系切换)：
1. 行车指挥通知办理 F 站 X_4-S 发车进路，暂不发车。
2. 行车指挥通知 F 站车站配合试验的电务人员进行 TCC 主备机切换，切换成功后通知行车指挥，经行车指挥确认后发车。</td></tr>
</table>

续上表

<table>
<tr>
<td rowspan="2">测试场景</td>
<td>试验场景配合2</td>
<td>1. F站配合试验人员接车上试验人员通知进行TCC主备系切换通知后，查看列控维护终端后，在列控中心主机柜的主机单元Ⅰ/Ⅱ系关闭CIL-F2010板卡开关进行主备系切换。如果列控维护终端显示TCC-Ⅰ系主控，TCC-Ⅱ系备用，就将主机单元Ⅰ系的CIL-F2010板卡开关关闭，如果列控维护终端显示TCC-Ⅱ系主控，TCC-Ⅰ系备用，就将主机单元Ⅱ系的CIL-F2010板卡开关关闭。维护终端、主机单元前面板如下图：
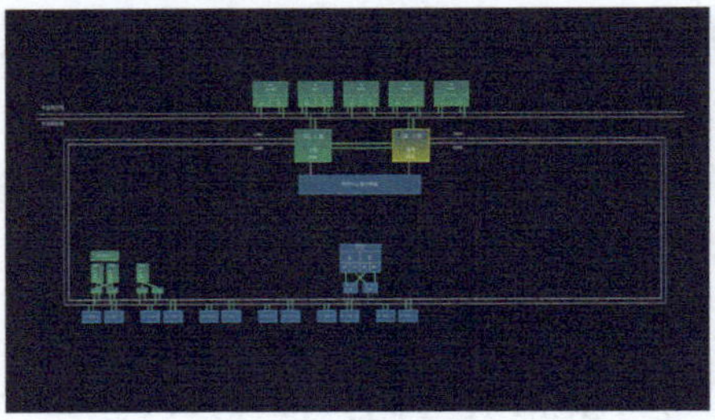
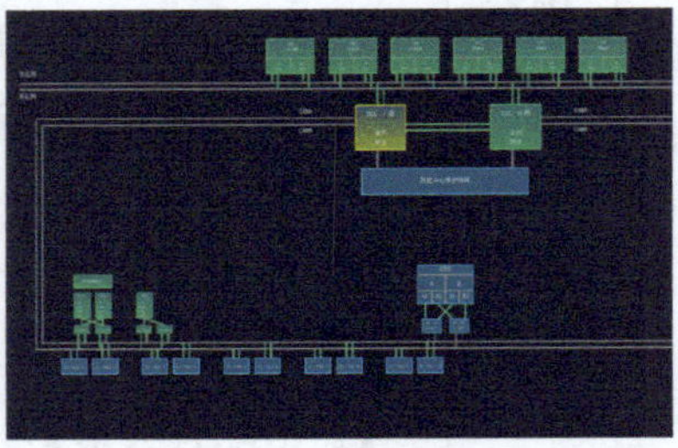

2. 切换成功后通知车上试验人员，随后将主机单元的CIL-F2010板卡开关闭合。
【车上试验人员】：×××，GSM-R号码：×××××
【F站配合人员】：×××，GSM-R号码：×××××</td>
</tr>
<tr>
<td>场景3</td>
<td>LZ-C2-017(CBI主备机切换)：
1. 行车指挥通知办理G站X_F-X_4接车进路，列车以C2等级完全监控模式运行至G站4G停车。
2. 行车指挥通知办理G站X_4-S发车进路，暂不发车。
3. 行车指挥通知G站车站配合试验的电务人员进行CBI主备机切换，切换成功后通知行车指挥，测试人员观察现象后发车。</td>
</tr>
</table>

续上表

<table>
<tr><td>测试场景</td><td>试验场景配合 3</td><td>1. G 站配合试验人员接车上试验人员通知 CBI 主备机切换后，观察联锁两系 FCX 板的 RUN 灯，点绿灯的为主系，备系 RUN 灯点黄灯。
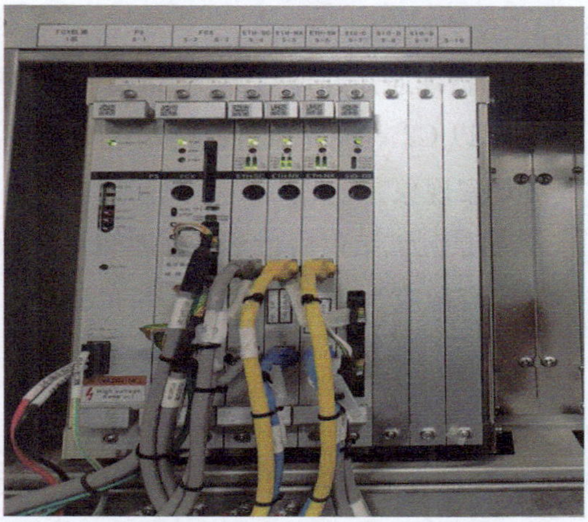
2. 断开联锁柜底部对应亮绿灯的 FCX 空开，确认原备系 FCX 的 RUN 灯由黄灯转为绿灯。通知车上试验人员以后再将原主系 FCX 空开合上。
3. G 站配合试验人员要注意：原主系 FCX 空开断开后不要立即合上，30 s以后再合，防止损伤板卡。
【车上试验人员】：×××，GSM-R 号码：×××××
【G 站配合人员】：×××，GSM-R 号码：×××××</td></tr>
</table>

【序列 6】

<table>
<tr><td>运行进路</td><td colspan="2">第 6 个单程（C2 级测试序列）：列车以 C2 等级部分监控模式在 H 站 4G 发车，经××高铁上行线正向运行，G 站 4G 通过，经××高铁上行线正向运行，F 站 4G 到开，经××高铁上行线正向运行，动车尾部越过 F 站 X_F 信号机处有源应答器组后停车（公里标：K183＋782）。</td></tr>
<tr><td rowspan="2">测试场景</td><td>场景 1</td><td>LZ-C2-005（模式转换—目视行车转完全监控）：
1. ATP 启机后，司机选择错误载频进入 C2 等级目视行车模式。
2. 行车指挥通知办理 H 站 S_4-X_F 发车进路。
3. 列车发车，测试人员观察现象。</td></tr>
<tr><td>试验场景配合 1</td><td>现场无配合操作。</td></tr>
</table>

续上表

<table>
<tr>
<td rowspan="3">测试场景</td>
<td>场景 2</td>
<td>LZ-C2-008(模式转换—完全监控转部分监控):
1. 行车指挥通知 G 站配合试验的电务人员断开 S_4 出站信号机有源应答器与 LEU 之间的线缆。
2. 行车指挥通知办理 G 站 S-S_4-X_F 通过进路。
3. 列车以 C2 等级完全监控模式过 G 站 S_4 信号机处有源应答器组时测试人员观察现象。
4. 该场景测试结束后行车指挥通知 G 站配合试验的电务人员恢复 S_4 出站信号机有源应答器与 LEU 之间的线缆。</td>
</tr>
<tr>
<td>试验场景配合 2</td>
<td>1. G 站配合人员接车上试验人员通知断开 S_4 有源应答器与 LEU 之间的线缆后,拔出列控机柜 0 层 X7 万科端子,使用报文读取工具读取 1F-004-1、1F-004-2 室外侧端子,确认读取不到报文后通知车上试验人员。

2. G 站配合人员接车上试验人员通知恢复 S_4 有源应答器与 LEU 之间的线缆后,恢复列控机柜 0 层 X_7 万科端子,使用报文读取工具读取 1F-004-1、1F-004-2 室外侧端子,确认读取 BS4 报文计数器 255。
【车上试验人员】:×××,GSM-R 号码:×××××
【G 站配合人员】:×××,GSM-R 号码:×××××</td>
</tr>
<tr>
<td>场景 3</td>
<td>LZ-C2-013(HU 码转无码的处理):
1. F 站车站值班员暂不办理 S-S_4 引导接车进路。
2. 列车以 C2 等级完全监控模式运行至 F 站 S 进站信号机前停车(公里标:K185+400)。
3. 行车指挥通知 F 站车站配合试验的电务人员关闭 1876G(三接近)发码盒,测试人员观察现象后恢复。
4. 行车指挥通知 F 站车站值班员办理 S-S_4 引导接车进路,列车发车。
5. 列车以 C2 等级引导模式在 F 站 4G 停车后,暂不开放出站信号。
6. 行车指挥通知 F 站车站配合试验的电务人员关闭 4G 发码盒,观察现象后恢复。</td>
</tr>
</table>

续上表

测试场景	场景 3	7. 司机进行进调车退调车操作，控车模式转为 C2 等级部分监控模式后，由行车指挥通知车站配合试验的电务人员再次关闭 4G 发码盒，测试人员观察现象后恢复。 8. 行车指挥通知办理 F 站 S_4-X_F 发车进路，列车发车继续试验。
	试验场景配合 3	1. F 站配合人员接车上试验人员通知关闭 1876G 发送器后，断 1876AG、1876BG、1876CG 主、备发送器空开。 2. F 站配合人员接车上试验人员通知后合 1876AG、1876BG、1876CG 主、备发送器空开。 3. F 站配合人员接车上试验人员通知关闭 4G 发送器后，断 4G1、4G2、4G3 主、备发送器空开（4G1、4G3 为 H 码、4G2 为 HU 码）。 4. F 站配合人员接车上试验人员通知后合 4G1、4G2、4G3 主、备发送器空开。 5. F 站配合人员接车上试验人员通知关闭 4G 发送器后，再次断 4G1、4G2、4G3 主、备发送器空开。 6. F 站配合人员接车上试验人员通知后再次合 4G1、4G2、4G3 主、备发送器空开。 【车上试验人员】：×××，GSM-R 号码：××××× 【调度台试验人员】：×××，GSM-R 号码：××××× 【F 站配合人员】：×××，GSM-R 号码：×××××

【序列 7】

运行进路	第 7 个单程（C2 级测试序列）：列车以 C2 等效部分监控模式在 F 站 X_F 机外发车，经××高铁上行线反向运行，F 站ⅡG 到开，经××高铁上行线反向运行，G 站ⅡG 到开，经××高铁上行线反向运行，动车尾部越过 G 站 S 信号机处有源应答器组后停车（公里标：K202＋498）。	
测试场景	场景 1	LZ-C2-009（模式转换—引导转部分监控）： 1. 列车发车前，ATP 上电进入 C2 等级部分监控模式，行车指挥通知办理 F 站 X_F-X_{II} 引导接车进路。 2. 列车在 F 站 X_F 信号机外发车，进入ⅡG 后停车。 3. 行车指挥通知办理 F 站 X_{II}-S 发车进路，观察现象后列车发车继续试验。

续上表

测试场景	试验场景配合 1	现场无配合操作。
	场景 2	LZ-C2-014(允许码转无码的处理): 1. 行车指挥通知办理 G 站 X_F-X_{II} 接车进路。 2. 列车以 C2 等级完全监控模式在 G 站 ⅡG 停车后,行车指挥通知办理 G 站 X_{II}-S 发车进路,暂不发车。 3. 行车指挥通知 G 站配合试验的电务人员关闭 ⅡG 发送器,测试人员观察现象后,行车指挥通知 G 站配合试验的电务人员恢复 ⅡG 发送器。 4. 司机进行进调车退调车操作,控车模式转为 C2 等级部分监控模式后,行车指挥通知 G 站配合试验的电务人员关闭 ⅡG 发送器,测试人员观察现象后,行车指挥通知 G 站配合试验的电务人员恢复 ⅡG 发送器,列车发车继续运行。
	试验场景配合 2	1. G 站配合人员接车上试验人员通知关闭 ⅡG 发送器后,断 ⅡG1 和 ⅡG2 主、备发送器空开(此时 ⅡG1 和 ⅡG2 发 HU 码)。 2. G 站配合人员接通知后合 ⅡG1 和 ⅡG2 主、备发送器空开。 3. G 站配合人员接车上试验人员通知关闭 ⅡG 发送器后,再次断 ⅡG1 和 ⅡG2 主、备发送器空开。 4. G 站配合人员接通知后再次合 ⅡG1 和 ⅡG2 主、备发送器空开。 【车上试验人员】:×××,GSM-R 号码:××××× 【调度台试验人员】:×××,GSM-R 号码:××××× 【G 站配合人员】:×××,GSM-R 号码:×××××

【序列 8】

运行进路	第 8 个单程(C2 级测试序列):列车以 C2 等级部分监控模式在 G 站 S 机外发车(C2 部分模式),经××高铁上行线正向运行,G 站 3G 到开,经××高铁下行线反向运行,F 站 3G 停车。	
临时限速	场景	设置以下临时限速,本序列试验动车通过后取消: TSR1:(××高铁下行线-209)F 站侧 3 区限速,限速值:45 km/h。

续上表

临时限速	试验场景配合	1. 第 8 个序列列车发车前，调度台试验人员依次执行序列 8 第 1 条限速命令。使用 GSM-R 手机通知车上试验人员。 2. F 站试验配合人员在列控维护终端进行限速信息的查看，确认 TCC 限速执行成功，拍照发微信“确认 TCC 限速执行成功，拍照进行反馈。” 3. 限速命令取消操作：本次试验列车通过后取消。 【车上试验人员】：×××，GSM-R 号码：××××× 【调度台试验人员】×××，GSM-R 号码：××××× 【F 站配合人员】×××，GSM-R 号码：×××××
测试场景	场景 1	JZ-C2-007（模式转换—目视行车转引导）： 1. ATP 上电后司机选择 C2 等级目视行车模式。 2. 行车指挥通知办理 G 站 $S\text{-}S_3$ 引导接车进路。 3. 观察现象，列车发车继续运行至 G 站 3G 停车。
	试验场景配合 1	现场无配合操作。
	场景 2	LZ-C2-011（临时限速—侧区限速）： 列车运行进入 F 站时，测试人员观察现象。
	试验场景配合 2	现场无配合操作。

【序列 9】

运行进路		第 9 个单程（C2 级测试序列）：列车以 C2 等级部分监控模式在 F 站 3G 发车，经××高铁下行线正向运行，G 站 3G 通过，经××高铁下行线正向运行，动车尾部越过 G 站 S_F 信号机处有源应答器组后停车（公里标：K202＋498）。
临时限速	场景	设置以下临时限速，本序列试验动车通过后取消： TSR1：（××高铁下行线-204）G 站侧 3 区限速，限速值：45 km/h。

续上表

临时限速	试验场景配合	1. 第 9 个序列列车发车前，调度台试验人员依次执行序列 9 第 1 条限速命令。使用 GSM-R 手机通知车上试验人员。 2. G 站试验配合人员在列控维护终端进行限速信息的查看，确认 TCC 限速执行成功，拍照发微信“确认 TCC 限速执行成功，拍照进行反馈。” 3. 限速命令取消操作：本次试验列车通过后取消。 【车上试验人员】×××，GSM-R 号码：××××× 【调度台试验人员】×××，GSM-R 号码：××××× 【G 站配合人员】×××，GSM-R 号码：×××××
测试场景	场景 1	LZ-C2-004（模式转换—部分监控转引导后转完全监控）： 1. F 站暂不办理 X_3-S_F 引导发车进路。 2. ATP 上电后进入 C2 等级部分监控模式，行车指挥通知办理 F 站 X_3-S_F 引导发车进路，观察现象后列车发车。
	试验场景配合 1	现场无配合操作。
	场景 2	LZ-C2-011（临时限速—侧区限速）： 列车运行进入 G 站时，测试人员观察现象。
	试验场景配合 2	现场无配合操作。

【序列 10】

运行进路	第 10 个单程（C2 级测试序列）：列车以 C2 等级部分监控模式在 G 站 S_F 机外发车，经××高铁下行线反向运行，G 站 3G 通过，经××高铁下行线反向运行，F 站 ⅡG 通过，经××高铁上行线正向运行，动车尾部越过中继 6 站有源应答器组后停车（公里标：K176＋761）。	
临时限速	场景	设置以下临时限速，本序列试验动车通过后取消： TSR1：（××高铁下行线-211）K184＋100～K183＋900，限速值：45 km/h。

续上表

临时限速	试验场景配合	1. 第 10 个序列列车发车前，调度台试验人员依次执行序列 10 第 1 条限速命令。使用 GSM-R 手机通知车上试验人员。 2. F 站试验配合人员在列控维护终端进行限速信息的查看，确认 TCC 限速执行成功，拍照发微信“确认 TCC 限速执行成功，拍照进行反馈。” 3. 限速命令取消操作：本次试验列车通过后取消。 【车上试验人员】×××，GSM-R 号码：××××× 【调度台试验人员】×××，GSM-R 号码：××××× 【F 站配合人员】×××，GSM-R 号码：×××××
测试场景	场景	LZ-C2-011（临时限速—弯进直出通过时 1LQ 设置限速）： 列车过限速区段时，测试人员观察现象。
测试场景	试验场景配合	现场无配合操作。

【序列 11】

运行进路	第 11 个单程（C2 级测试序列）：列车以 C2 等级部分监控模式在中继 6 站发车（C2 部分模式），经××高铁上行线反向运行，F 站 4G 通过，经××高铁上行线反向运行，动车尾部越过 F 站 S 信号机处有源应答器组后停车（K186＋140）。	
临时限速	场景	设置以下临时限速，本序列试验动车通过后取消： TSR1：（××高铁上行线-206）K184＋000～K183＋800，限速值：60 km/h。
临时限速	试验场景配合	1. 第 11 个序列列车发车前，调度台试验人员依次执行序列 11 第 1 条限速命令。使用 GSM-R 手机通知车上试验人员。 2. F 站试验配合人员在列控维护终端进行限速信息的查看，确认 TCC 限速执行成功，拍照发微信“确认 TCC 限速执行成功，拍照进行反馈。” 3. 限速命令取消操作：本次试验列车通过后取消。 【车上试验人员】×××，GSM-R 号码：××××× 【调度台试验人员】×××，GSM-R 号码：××××× 【F 站配合人员】×××，GSM-R 号码：×××××

【序列 12】

<table>
<tr><td>运行进路</td><td colspan="2">第 12 个单程(C2 级测试序列):列车以 C2 等级部分监控模式在 F 站 S 机外发车,经××高铁上行线正向运行,F 站 4G 到开,经××高铁上行线正向运行,E 站 4G 通过,经××高铁上行线正向运行,动车尾部越过中继 3 站有源应答器组后停车(公里标:K120+543)。</td></tr>
<tr><td rowspan="2">临时限速</td><td>场景</td><td>设置以下临时限速,本序列试验动车通过后取消:
TSR1:(××高铁上行线-208)K175+000~K174+800,限速值:200 km/h。
TSR2:(××高铁上行线-210)K171+500~K171+300,限速值:200 km/h。
TSR3:(××高铁上行线-212)K166+500~K166+300,限速值:160 km/h。</td></tr>
<tr><td>试验场景配合</td><td>1. 第 1 个序列发车前,依次执行序列 1 第 1 条至第 3 条限速命令。
2. 序列 1 的 3 条限速命令执行成功后,调度台试验人员使用 GSM-R 手机通知车上试验人员。
3. 现场试验配合人员在列控维护终端进行限速信息的查看,中继 6 站确认第 1 条、第 2 条,中继 5 站确认第 3 条。确认 TCC 限速执行成功,拍照发微信“确认 TCC 限速执行成功,拍照进行反馈。”
4. 限速命令取消操作:第 1 条限速试验完成后执行取消限速命令。第 2 条限速在序列 1 列车完全驶入限速区段后根据车上试验人员通知执行取消限速命令。第 3 条限速在序列 1 列车完全驶入限速区段后根据车上试验人员通知执行取消限速命令。
【车上试验人员】×××,GSM-R 号码:×××××
【调度台试验人员】×××,GSM-R 号码:×××××
【中继 6 配合人员】×××,GSM-R 号码:×××××
【中继 5 配合人员】×××,GSM-R 号码:×××××</td></tr>
<tr><td>测试场景</td><td>场景 1</td><td>LZ-C2-015(TSRS 主备系切换):
1. 列车进入 F 站 4G 停车后,行车指挥通知办理 F 站 S_4-X_F 发车进路。
2. 行车指挥通知配合试验的电务人员设置 TSR1 并验证成功后,暂不点“执行”命令。
3. 行车指挥通知配合试验的电务人员进行兰张 TSRS 主备机切换,切换完成后,点击 TSR1“执行”命令,TSR1 设置成功后通知行车指挥,经行车指挥确认后,继续设置 TSR2、TSRS3。
4. 设置成功后,列车在 F 站 4G 发车,过限速区段测试人员观察现象。</td></tr>
</table>

续上表

测试场景	试验场景配合 1	1. H 站配合试验人员接车上试验人员通知 TSRS 主备机切换后，观察 TSRS 维护终端，判断 TSRS-Ⅰ主控还是 TSRS-Ⅱ主控。 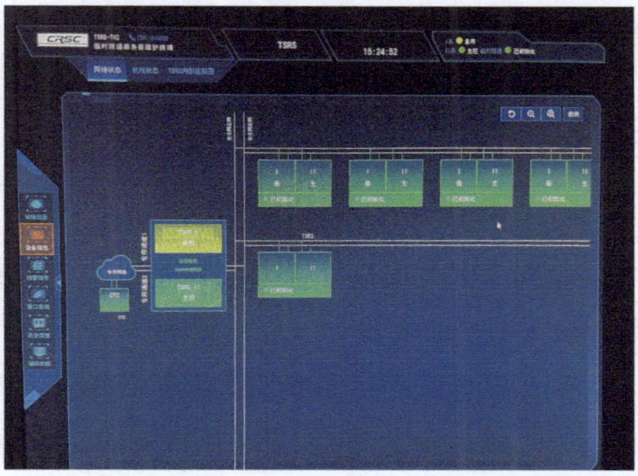 2. 进行 TSRS 主备机切换，如果 TSRS 维护终端显示 TSRS-Ⅰ主控，TSRS-Ⅱ备用，就将安全主机单元Ⅰ系 A、B、C 板卡开关全部关闭，如果 TSRS 维护终端显示 TSRS-Ⅱ主控，TSRS-Ⅰ备用，就将安全主机单元Ⅱ系的 A、B、C 板卡开关全部关闭。通知车上试验人员已切换成功。 3. H 站配合试验人员要注意：TSRS 的Ⅰ、Ⅱ切换很慢，原安全主机单元Ⅰ系开关断开后不要立即合上，等维护终端显示另一系为主控时再合。 【车上试验人员】×××，GSM-R 号码：××××× 【H 站配合试验人员】×××，GSM-R 号码：×××××
	场景 2	LZ-C2-018(引导通过-1)： 列车以 C2 等级完全监控模式运行至 E 站接近区段，行车指挥通知办理 E 站 S-S_4-X_F 通过进路(引导接、正常发)。
	试验场景配合 2	现场无配合操作。

【序列 13】

运行进路	第 13 个单程(C2 级测试序列)：列车以 C2 等级部分监控模式在中继 3 站发车，经××高铁上行线反向运行，E 站ⅡG 通过，经××高铁上行线反向运行，动车尾部越过中继 4 站有源应答器组后停车(公里标：K150＋632)。

续上表

临时限速	场景	设置以下临时限速，本序列试验动车通过后取消： TSR1：(××高铁上行线-106)K138+051～K137+551，跨××台与××台边界(××台设置)，限速值：160 km/h。 TSR2：(××高铁上行线-108)K138+551～K138+051，跨××台与××台边界(××台设置)，限速值：160 km/h。
	试验场景配合	1. 第 1 个序列发车前，依次执行序列 1 第 1 条至第 2 条限速命令。 2. 序列 1 的 2 条限速命令执行成功后，调度台试验人员使用 GSM-R 手机通知车上试验人员。 3. 现场试验配合人员在列控维护终端进行限速信息的查看，E 站确认第 1 条、第 2 条。确认 TCC 限速执行成功，拍照发微信“高铁段联调联试交流群”。 4. 限速命令取消操作：第 1 条限速试验完成后执行取消限速命令。第 2 条限速在序列 1 列车完全驶入限速区段后根据车上试验人员通知执行取消限速命令。 【车上试验人员】×××，GSM-R 号码：××××× 【调度台试验人员】×××，GSM-R 号码：××××× 【E 站配合人员】×××，GSM-R 号码：×××××

【序列 14】

运行进路	第 14 个单程(C2 级测试序列)：列车以 C2 等级部分监控模式在中继 4 站发车，经××高铁上行线正向运行，E 站ⅡG 通过，经××高铁上行线正向运行，D 站 3G 停车。	
临时限速	场景	设置以下临时限速，本序列试验动车通过后取消： TSR1：(××高铁上行线-102)K138+551～K138+051，跨××台与××台边界(××台设置)，限速值：200 km/h。 TSR2：(××高铁上行线-104)K138+051～K137+551，跨××台与××台边界(××台设置)，限速值：200 km/h。
	试验场景配合	1. 第 1 个序列发车前，依次执行序列 1 第 1 条至第 2 条限速命令。 2. 序列 1 的 2 条限速命令执行成功后，调度台试验人员使用 GSM-R 手机通知车上试验人员。

续上表

临时限速	试验场景配合	3. 现场试验配合人员在列控维护终端进行限速信息的查看，E 站确认第 1 条、第 2 条。确认 TCC 限速执行成功，拍照发微信“高铁段联调联试交流群”。 4. 限速命令取消操作：第 1 条限速试验完成后执行取消限速命令。第 2 条限速在序列 1 列车完全驶入限速区段后根据车上试验人员通知执行取消限速命令。 【车上试验人员】×××，GSM-R 号码：××××× 【调度台试验人员】×××，GSM-R 号码：××××× 【E 站配合人员】×××，GSM-R 号码：×××××

【序列 15】

运行进路	第 15 个单程(C2 级测试序列)：列车以 C2 等级部分监控模式在 D 站 3G 发车，经××高铁下行线正向运行，E 站ⅠG 通过，经××高铁下行线正向运行，动车尾部越过中继 4 站有源应答器组后停车(公里标：K149＋885)。	
临时限速	场景	设置以下临时限速，本序列试验动车通过后取消： TSR1：(××高铁下行线-101)K137＋551～K138＋051，跨××台与××台边界(××台设置)，限速值：200 km/h。 TSR2：(××高铁下行线-103)K138＋051～K138＋551，跨××台与××台边界(××台设置)，限速值：200 km/h。
	试验场景配合	1. 第 1 个序列发车前，依次执行序列 1 第 1 条至第 2 条限速命令。 2. 序列 1 的 2 条限速命令执行成功后，调度台试验人员使用 GSM-R 手机通知车上试验人员。 3. 现场试验配合人员在列控维护终端进行限速信息的查看，E 站确认第 1 条、第 2 条。确认 TCC 限速执行成功，拍照发微信“高铁段联调联试交流群”。 4. 限速命令取消操作：第 1 条限速试验完成后执行取消限速命令。第 2 条限速在序列 1 列车完全驶入限速区段后根据车上试验人员通知执行取消限速命令。 【车上试验人员】×××，GSM-R 号码：××××× 【调度台试验人员】×××，GSM-R 号码：××××× 【E 站配合人员】×××，GSM-R 号码：×××××

【序列 16】

<table>
<tr><td>运行进路</td><td colspan="2">第 16 个单程(C2 级测试序列):列车以 C2 等级部分监控模式在中继 4 站发车,经××高铁下行线反向运行,E 站ⅠG 通过,经××高铁下行线反向运行,D 站ⅠG 通过,经××高铁下行线反向运行,C 站(S_F-X)通过,经××高铁下行线反向运行,B 站ⅢG 通过,经兰州至 B 站下行线反向运行,A 站 5G 停车。</td></tr>
<tr><td rowspan="2">临时限速</td><td>场景</td><td>设置以下临时限速,本序列试验动车通过后取消:
TSR1:(××高铁下行线-105)K138+051~K138+551,跨××台与××台边界(××台设置),限速值:160 km/h。
TSR2:(××高铁下行线-107)K137+551~K138+051,跨××台与××台边界(××台设置),限速值:160 km/h。</td></tr>
<tr><td>试验场景配合</td><td>1. 第 1 个序列发车前,依次执行序列 1 第 1 条至第 2 条限速命令。
2. 序列 1 的 2 条限速命令执行成功后,调度台试验人员使用 GSM-R 手机通知车上试验人员。
3. 现场试验配合人员在列控维护终端进行限速信息的查看,E 站确认第 1 条、第 2 条。确认 TCC 限速执行成功,拍照发微信“高铁段联调联试交流群”。
4. 限速命令取消操作:第 1 条限速试验完成后执行取消限速命令。第 2 条限速在序列 1 列车完全驶入限速区段后根据车上试验人员通知执行取消限速命令。
【车上试验人员】×××,GSM-R 号码:×××××
【调度台试验人员】×××,GSM-R 号码:×××××
【E 站配合人员】×××,GSM-R 号码:×××××</td></tr>
</table>